网络营销与直播电商
新形态系列教材

网络编辑

INTERNET 微课版 MARKETING

胡令 王芹／主编

宋巍 胡勋龙／副主编

人民邮电出版社

北 京

图书在版编目（CIP）数据

网络编辑：微课版 / 胡令，王芹主编. -- 北京：
人民邮电出版社，2024.7
网络营销与直播电商新形态系列教材
ISBN 978-7-115-64148-9

Ⅰ．①网… Ⅱ．①胡… ②王… Ⅲ．①互联网络—新
闻编辑—教材 Ⅳ．①G210.7②G213

中国国家版本馆CIP数据核字(2024)第068849号

内 容 提 要

本书力求将理论知识与网络编辑的实际工作相结合，培养学生的实践能力。本书根据网络编辑岗位
的工作要求，从网络编辑的主要工具，以及网络编辑的岗位职责、职业道德出发，详细介绍了网络编辑
基础，网络信息的采集、筛选和归类，网络内容编辑，网络多媒体信息编辑，网络原创信息编辑，网络
专题策划与制作，规划与设计网站等内容。

本书配有 PPT 课件、教学大纲、电子教案、素材、课后习题答案等教学资源，用书老师可在人邮教
育社区免费下载使用。

本书可作为普通高等院校电子商务、网络营销、现代文秘、新闻与传播、计算机科学与技术、信息
管理与信息系统专业及其他相关专业的教材，也可供网络编辑、网络管理人员等相关从业者学习和参考。

◆ 主　　编　胡　令　王　芹
　　副主编　宋　巍　胡勋龙
　　责任编辑　王　迎
　　责任印制　胡　南

◆ 人民邮电出版社出版发行　　北京市丰台区成寿寺路 11 号
　　邮编 100164　电子邮件 315@ptpress.com.cn
　　网址 https://www.ptpress.com.cn
　　固安县铭成印刷有限公司印刷

◆ 开本：787×1092　1/16
　　印张：12　　　　　　　　　　2024 年 7 月第 1 版
　　字数：352 千字　　　　　　　2025 年 3 月河北第 2 次印刷

定价：49.80 元

读者服务热线：(010)81055256　印装质量热线：(010)81055316
反盗版热线：(010)81055315

前 言

互联网已渗透到政治、经济、文化各领域，进入人们的日常生活，并促使社会经济及人们的生活方式产生重大变革。随着互联网的快速发展和不断普及，网络媒体被人们称为继报刊、广播、电视之后的"第四媒体"。网络媒体的快速扩张，使社会对网络编辑人员的需求大幅提升。

为什么编写本书

第53次《中国互联网络发展状况统计报告》显示，截至2023年12月，我国网民规模达10.92亿人，我国域名总数为3160万个。另有数据显示，中国现拥有网络编辑从业人员超600万人，且在未来十年里，网络编辑职位将呈需求上升趋势。尽管我国从事网络编辑工作的人员超过了600万人，但其素质良莠不齐，且职业化、专业化程度不高，至于全面型、复合型的网络编辑人才更是稀缺。

随着移动互联网和智能手机的快速普及，人们获取信息的主要终端已向手机端迁移。网络编辑所面对的编辑内容、编辑形式都发生了巨大变化。面对新的媒体形态、新的媒体平台，网络编辑工作应该以什么样的方式开展？如何在新媒体平台编辑网络信息？为了解答以上问题，同时也为了满足高等院校和社会人士学习网络编辑知识的需要，我们编写了本书。

本书的特点

本书力求将理论知识与网络编辑的实际工作相结合，帮助学生掌握网络编辑工作的基本内容、常用工具、涉及的新媒体平台、综合技能等，以便将来能够胜任网络编辑工作。本书主要有以下特点。

1. 知识全面，结构合理

本书全面、系统地介绍了网络编辑的相关知识，知识体系完整且具有较强的逻辑性。同时，每章在讲解完理论知识后，通过任务实训提供网络编辑的操作训练，这样不仅可以帮助读者巩固所学知识，还能帮助其提高网络编辑工作的实操技能。

2. 案例丰富，实践性强

本书编者皆为具有多年网络编辑实战经验的高校教师，注重对读者实践操作技能的培养。书中配备了大量案例和操作图示，强调"学、做、练"一体化，让读者在学中做、在做中练，可以帮助读者快速理解与掌握各种网络平台中网络编辑的方法。

3. 内容丰富，实用性强

本书针对每章的具体内容与特点，精心设计了学习目标、引导案例、本章要点、课堂讨论、知识链接、任务实训、知识巩固训练等模块，这不仅能解决读者在学习过程中可能遇到的各种问题，还能让读者学到更加全面、丰富的知识。

4. 贯彻立德树人，落实素养教学

本书深入贯彻党的二十大精神，落实立德树人根本任务，设置了"素养提升"模块，融入遵纪守法、诚信经营等内容，有助于读者形成积极的世界观、人生观和价值观，以此推动培养德、智、体、美、劳全面发展的高素质人才。

5. 配套资源丰富，赋能立体化教学

本书提供丰富的教学资源，包括 PPT 课件、教学大纲、电子教案、素材、课后习题答案等，全面赋能立体化教学，用书教师可登录人邮教育社区（www.ryjiaoyu.com）免费下载。

由于编者水平和经验有限，书中难免存在不足之处，恳请广大读者批评指正。

编　者

CONTENTS
目 录

第5章
网络原创信息编辑

第6章
网络专题策划与制作

第 1 章

网络编辑基础

学习目标

知识目标	☑ 熟悉网络编辑的定义。
	☑ 熟悉网络编辑的工作内容。
	☑ 熟悉网络编辑的职业特点。
技能目标	☑ 掌握网络编辑的工作流程。
	☑ 掌握网络编辑的主要工具。
	☑ 掌握网络编辑的工作技能。
素养目标	☑ 熟悉网络编辑的岗位职责，具备网络编辑的职业道德。
	☑ 遵守网络信息发布的相关法律法规。

21世纪，人类社会已经进入了网络时代，网络媒体成为大众生活中不可或缺的一部分，人们通过网络获取到了越来越多的新闻等信息。随着网民数量的快速增长，网络新闻进入了一个崭新的黄金时代。随着网络媒体的兴起，特别是网络媒体的信息传播量越来越大，作为网络新闻的塑造者，网络编辑逐渐走入网民的视野，担当起重要的角色。

我国的网络编辑行业随着我国互联网的迅猛发展而逐渐壮大。网络编辑从业人员逾千万人，其已经从规模和数量上超过传统编辑人员。网络编辑作为互联网时代的新兴职业，被列入《中华人民共和国职业分类大典》。本职业共设4个等级，分别为网络编辑员（国家职业资格四级）、助理网络编辑师（国家职业资格三级）、网络编辑师（国家职业资格二级）、高级网络编辑师（国家职业资格一级）。网络编辑已成为非常受欢迎的一个职业。据了解，在未来的10年内，网络编辑需求将呈上升趋势。

网络编辑既有传统编辑的特点，也要适应网络时代的要求，因此在素质上与传统编辑有所不同。除了传统编辑必须具备的较高的政治素质、丰厚的知识储备和过硬的新闻素养以外，网络编辑还需要具备敏锐的新闻触觉和理性思维能力，以及更强烈的道德感和责任心，对编辑的每一条信息内容负责。

那么网络编辑是怎样的一些人？他们的工作内容与传统编辑有哪些不同？这种新兴的职业对他们的能力提出了什么样的职业素养要求和知识要求？他们应该具备哪些工作技能？本章就来回答这些问题。

思考：

1. 你所了解的网络编辑是怎样的?
2. 网络编辑的就业前景是怎样的?

网络编辑是网络时代的新兴职业。网络编辑是指利用相关专业知识及计算机和网络等现代信息技术，从事互联网内容设计和平台建设的人员。本章主要包含认识网络编辑、网络编辑的主要工具、网络编辑的岗位职责和职业道德、网络编辑的知识结构和工作技能等内容。

1.1　认识网络编辑

下面介绍网络编辑的基础知识，包括网络编辑的定义、网络编辑的工作内容、网络编辑的工作流程、网络编辑的职业特点，使读者对网络编辑有初步的认识和了解。

1.1.1　网络编辑的定义

编辑既是一种工作，也是一种职业身份。这里的编辑主要指的是编辑工作，是对资料或已有的作品进行选择、整理、加工的社会文化活动。

结合自己的亲身经历，谈一谈什么是网络编辑，以及网络编辑的日常工作内容有哪些。

网络编辑相对于传统编辑是一个全新的职业，它随着我国互联网行业的形成与发展而诞生。2005年3月，劳动和社会保障部（现人力资源和社会保障部）公布了"网络编辑员"这一新职业，同时公布了国家职业标准。该标准中对它的定义是：网络编辑是网络内容的设计师和建设者，通过计算机和网络技术对信息进行搜集、分类、编辑、审核，然后向世界范围的网民进行发布，并且通过网络从网民那里接收反馈信息，与网民进行互动。

网络编辑可以从不同的角度进行分类。

（1）按编辑终端分，有网站新闻编辑、手机媒体编辑、社交媒体编辑、新闻客户端编辑、公众号编辑等。

（2）按编辑形式分，有文字编辑、图片编辑、音视频编辑、3D编辑、H5编辑、数据新闻编辑、互动编辑等。

（3）按编辑对象分，有主页编辑、频道编辑、栏目编辑、专题编辑等。

（4）按语种分，有中文编辑、外文编辑等。

（5）按类型分，有新闻网站编辑、门户网站编辑、电子商务网站编辑、政务网站编辑、企业网站编辑、校园网站编辑等。

> 📖 **知识链接**
>
> 由于类别不同，编辑的要求、方式和重点也有很大差异。如网站新闻编辑注重标题制作、文本修改、专题策划，主页编辑注重新闻稿件的价值判断，专题编辑注重稿件的组织、新闻的策划，文字编辑注重稿件内容的修改、加工等。

1.1.2　网络编辑的工作内容

如果说平面媒体，诸如报社、杂志社、出版社的编辑面对的是文字、图片，电视台、电台的编辑面对的是视频和音频的制作、剪辑、播出，那么，网络编辑面对的工作内容就是前两者的结合。下面从网络编辑的日常工作和网络编辑的工作职能两个方面讲述网络编辑的工作内容。

1．网络编辑的日常工作

移动互联网时代，网络技术的迅猛发展推动着网络媒体形式的变化，网络编辑的工作内容不断更新且更加多样。一般而言，网络编辑的日常工作内容主要包括采集信息、选择文章、制作标题、对文字进行加工润色、对图片和音视频进行筛选和剪裁等。网络编辑要懂得网站的建设、网页的制作、视频和音频的编辑，还要及时对短视频、直播等平台互动性内容进行编辑，反馈、整合受众的评论、留言等。

此外，由于网站的类型和规模、网站的频道和栏目、网站内容定位的不同，各网站网络编辑的日常工作也有所不同。

2．网络编辑的工作职能

网络编辑的工作职能与传统编辑有相同之处，也有不同之处。具体而言，网络编辑的工作职能包括以下几点，如图1-1所示。

（1）信息筛选。互联网具有极强的开放性，网上信息混杂，只有进行严格把关和筛选才能为广大受众提供真正有价值的信息。信息筛选即根据网络受众的需要、按照一定的标准对信息进行搜集、判断和选择，筛选出合适的内容，然后再进行加工。在信息筛选的过程中，在考虑到网络的类型和定位的基础上，既要参照网络信息的价值判断标准，又要不违反我国相关的网络信息发布法律法规等。

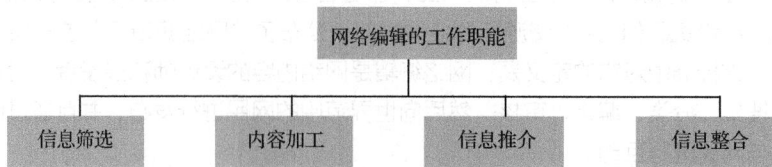

图1-1　网络编辑的工作职能

（2）内容加工。网络编辑在筛选稿件后，要对内容进行进一步的编改和加工，使原稿更清晰，更简洁明了，并符合网络信息传播的特点。这是网络编辑的日常工作之一。网络编辑对内容的加工主要包括对内容的核实、订正，对思想政治方面差错的校正，对文字的修改和对辞章的修饰等。

（3）信息推介。在经过筛选和编改的环节之后，稿件内容基本固定，但是为了达到良好的传播效果，编辑需要运用编辑手段做推介工作。在网络信息的传播过程中，网络编辑在文字方面的推介工作主要是精心制作标题、内容摘要或导读，让读者快速把握重点内容，吸引读者来阅读。

（4）信息整合。网络编辑需要培养整合信息的能力，需要对庞杂而分散的网络信息进行归类、整合及组织，形成若干大类，构成网站频道或栏目，如时政、财经、军事、文化、体育、社会、教育、娱乐等频道。这种编辑整合工作往往直接形成一个网络媒体的服务特点和传播优势。

📖 **知识链接**

围绕某主题制作网络专题和连续报道也是网络信息整合的常用方式。例如，人民网、新华网等经常就最近一个时期的重大事件组织专题报道，这里面既包括有关历史背景的回顾和相关的各种报道，又包括滚动播出的事件发展的最新动态。这种多层次、多角度、立体化、全方位的报道正是网络媒体的优势所在。

1.1.3　网络编辑的工作流程

报社、电视台等传统媒体的编辑对于新闻报道工作有一套较为严格的工作流程，如召开选题会、撰稿、审稿等。网络编辑也有较为规范的工作流程。网络编辑的工作流程如下。

（1）在遵循网络媒体总体定位的前提下策划每期的内容主题与风格定位，并将策划方案上报分类主编进行审批。

（2）采集素材并进行分类和加工，选取、整理所需的内容。

（3）对稿件内容进行编辑加工、审核，将编辑好的内容交由分类主编进行审核。

（4）对审核通过的文章进行校对。

（5）将校对完的文章交给美工进行版面设计和实现，将成品上交分类主编进行审批。

（6）成品审核通过后，将其交给网络推广人员进行网络发布和网络推广。

（7）进行网站专题、栏目、频道的策划及实施。

（8）定期进行总结，及时对运营方案中的偏差和失误进行宏观上的修正和调整。

1.1.4　网络编辑的职业特点

网络平台内容具有时效性强、传播范围广、超链接和信息多、检索快速、信息数据库化、互动性强等特点，从而决定了网络编辑与传统编辑具有不同的职业特点。网络编辑的职业特点如图1-2所示。

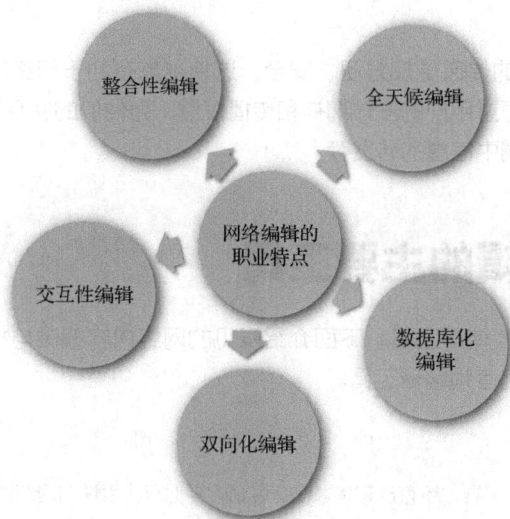

图1-2　网络编辑的职业特点

1．整合性编辑

网络编辑的工作经常是跨领域的。即使是一个普通的网络编辑，也要时常考虑整个网站的传播定位、内容编辑的特色及技术支持对内容实现的影响等问题，其业务范围经常横跨整个编辑部，有时甚至还包含管理经营等方面的业务。网络编辑需要处理的多媒体信息包含文字、图片、视频、音频等，并通过网页、论坛、微博、博客、短视频、直播等多种平台传播。

2．全天候编辑

在互联网环境下，信息的时效性大大增强，网络编辑可以在第一时间发布信息，也可以随时更新、修改、删除已发布的信息，甚至还可以在线直播，我们称它们为全天候编辑。全天候编辑信息会造成信息过滤困难，易于形成信息泡沫或信息垃圾。这就要求网络编辑具有高度的职业责任感、信息敏感度，能及时把有较高价值的信息内容选出并重点传播。很多网络平台都能进行网络直播。在网络直播的过程中，网络编辑需要根据用户的实时需求，随时进行内容的编辑。

3．数据库化编辑

一般大型的网站都建有自己的数据库管理系统。很多商务类的网络平台通常都有内部的内容检索系统。这些数据库的建设大大方便了网络用户，用户只要通过查询和检索等就能迅速地找到自己需要的资料。网络编辑一般通过内容管理系统完成稿件的筛选、编辑、整合、发布等大部分工作。数据库的建设既方便了对网络信息的管理，也便于网络编辑高效、便捷地完成工作。

4．双向化编辑

随着网络技术的发展，网络媒体提供了一种双向传输的信息渠道，传播者和受众可以互为主体。这种双向的交流和互动有利于交流双方在信息共享和互动中相互认同、相互沟通和相互理解，使交流双方能更好地发挥积极性、主动性，有利于深入传播信息。网络编辑在创作、发布和传播网站内容的同时，可以通过网络平台和新媒体搜集各种有用的信息，而这些信息有可能成为网络编辑的内容资料。

5．交互性编辑

网络的交互性使得信息的传递更加方便、安全，这将更加有利于网络编辑工作的开展。网络编辑的工作重点就是充分认可并尊重用户的主体精神和传播权益，为他们的交互沟通提供内容和平台，如论坛中各种信息的引用、朋友圈中信息的转发等。

1.2 网络编辑的主要工具

对网络信息进行编辑需要使用工具。下面介绍常见的网络内容编辑与排版工具、网络图片编辑工具、网络视频编辑工具和网络音频编辑工具。

> **课堂讨论**
>
> 在网上搜集网络编辑的主要工具，还有没有本书没有讲到的其他有代表性的网络图片和网络视频编辑工具？

1.2.1 网络内容编辑与排版工具

网络平台中的内容通常是由网络编辑在计算机中进行编辑和排版，然后发布到平台中的。使用专业的内容编辑与排版工具可以使网站内容既美观又符合媒体发布规范，并赢得用户的青睐。下面介绍常用的网络内容编辑与排版工具。

1-1　网络内容
编辑与排版工具

1. Dreamweaver

Dreamweaver是网页内容编辑与排版工具，该工具可以帮助设计师和开发者高效地设计、开发和维护网站。Dreamweaver是网页设计与制作领域中用户多、应用广、功能强的软件，可用于对网页内容进行整体编辑与排版，以及对网站进行创建和管理。利用它可以轻而易举地制作出充满动感的网页。

我们可以利用Dreamweaver进行网页内容编辑与排版布局、添加各种网页特效。图1-3所示为利用Dreamweaver编辑与排版网页内容。

图1-3　利用Dreamweaver编辑与排版网页内容

2．Word

Word是一款被广泛应用于办公领域的专业文本编辑软件，它可以帮助用户完成日常文档的处理工作，满足绝大部分办公人员的需求。在Word中可以进行的操作包括输入和编辑文本，设置字符和段落格式，设置边框、底纹、页面背景和页面大小，应用各种样式，插入和编辑图片、艺术字、形状、SmartArt图形，创建和美化表格等。网络编辑通常可以使用Word编辑策划文案、新闻和资讯等文档，如图1-4所示。

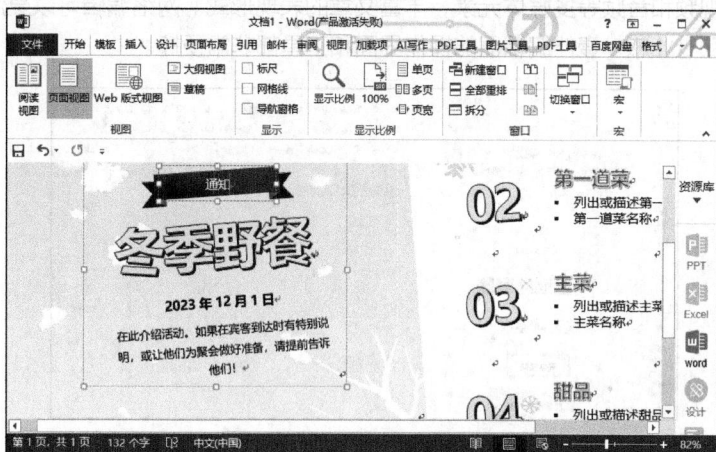

图1-4　使用Word编辑策划文案

3．PowerPoint

PowerPoint是一款专业的演示文稿制作软件。用户可以将制作出的演示文稿在投影仪或计算机屏幕上进行演示，也可以将演示文稿打印出来，制作成图片，应用到更广泛的领域。在PowerPoint中，网络编辑不但能像在Word中一样对文本进行编辑，还可以插入视频、音频和动画等多媒体文件。如果需要制作文字内容较少，但包含大量图片和多媒体元素的文案，那么PowerPoint将比Word更加合适。图1-5所示为使用PowerPoint编辑的文案。

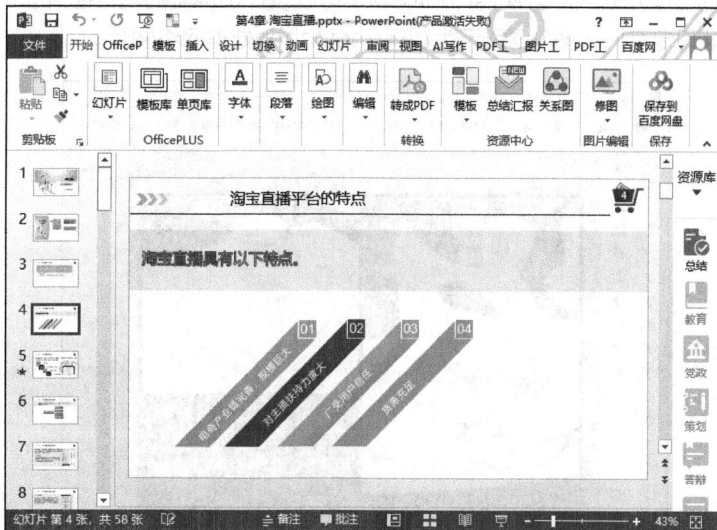

图1-5　使用PowerPoint编辑的文案

4. 壹伴编辑器

针对手机新媒体平台的内容编辑工具主要包括壹伴编辑器、秀米、i排版、135编辑器等，它们的操作方法基本相似，下面以壹伴编辑器为例进行讲解。壹伴编辑器是一款基于微信公众号平台的在线图文编辑和排版工具，它提供了丰富的工具和功能，可帮助用户轻松创建和编辑高质量的公众号文章，如图1-6所示。

网络编辑使用壹伴编辑器可以轻松调整字体、字号和颜色，以使文字更加清晰、易读。此外，它还支持插入图片、视频和音频等多媒体元素，丰富文章的表现形式。网络编辑可以灵活运用这些功能，让文章更具吸引力和专业感。壹伴编辑器的操作界面和工具都非常便捷。

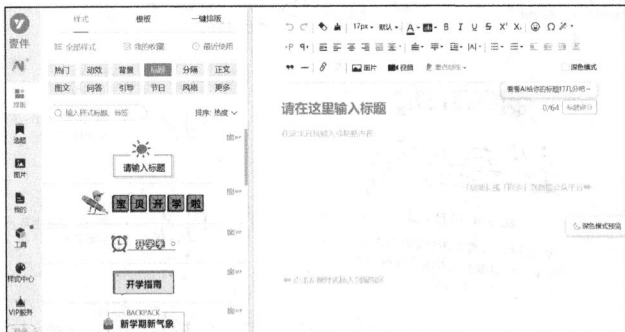

图1-6 壹伴编辑器

1.2.2 网络图片编辑工具

网络编辑需要对图片进行裁剪、美化等，这些都可以利用专业的图片编辑工具来完成。下面介绍常见的网络图片编辑工具，如Photoshop、创客贴、美图秀秀等。

1-2 网络图片编辑工具

1. Photoshop

网络中如果只有文字，则会缺少生动性和活泼性，也会影响视觉效果和整个页面的美观度。网络图片是网页中重要的组成元素之一。使用Photoshop可以设计出精美的网络图片。Photoshop是业界公认的"图形图像处理专家"。图1-7所示为利用Photoshop处理网络图片。

图1-7 利用Photoshop处理网络图片

Photoshop提供了高效的图片编辑和处理功能、人性化的操作界面，深受设计人员的青睐。Photoshop集图像设计、合成以及高品质输出等功能于一身，广泛应用于平面和网页设计、数码照片后期处理、建筑效果后期处理等诸多领域。

2．创客贴

创客贴是一款简单、好用的平面设计作图工具、在线图片编辑器，提供大量免费设计模板，有商品主图、商品详情页、电商海报、公众号封面图等各类模板。图1-8所示为创客贴网站。

创客贴拥有海量精美的图片设计模板和设计素材，每一个模板都可编辑，其上的文字、图片、背景皆可修改，只需简单的几步操作即可完成在线图片的设计与制作。

图1-8　创客贴网站

3．美图秀秀

美图秀秀是一款简单、易用的图片编辑软件，具有图片特效、美容、拼图、场景、边框、饰品等功能，能够对网络中使用的图片进行美化和拼接等操作，可以快速调整商品图大小，还可自定义添加水印。美图秀秀拥有丰富的拼图模板，可快速制作成交晒图、商品对比图，拼接长图等，用于助力商品宣传。图1-9所示为使用美图秀秀编辑图片。

图1-9　使用美图秀秀编辑图片

美图秀秀可应用于一键抠图、智能识别人像/物品、轻松替换背景、高效赋能新媒体等多个场景。其拥有海量的新媒体素材，可以用来装饰文章，适合小红书、微信等平台的图片编辑；还拥有视频封面模板，提供一键替换图片、修改文字、横版竖版任意切换等功能。

1.2.3 网络音频编辑工具

网络音频编辑工具非常多，操作都比较容易。下面简单介绍几种常见的网络音频编辑工具。

1. Adobe Audition

Adobe Audition是专业的音频编辑工具，可以用于录制和编辑音频文件。图1-10所示为使用Adobe Audition编辑音频。它提供了各种完整的音频编辑工具和特殊的音效，可以为音频工作者提供出色的音频编辑和处理能力。此外，网络编辑还可以使用混响、均衡器和压缩器等功能调整音频效果，提高音频的质量。

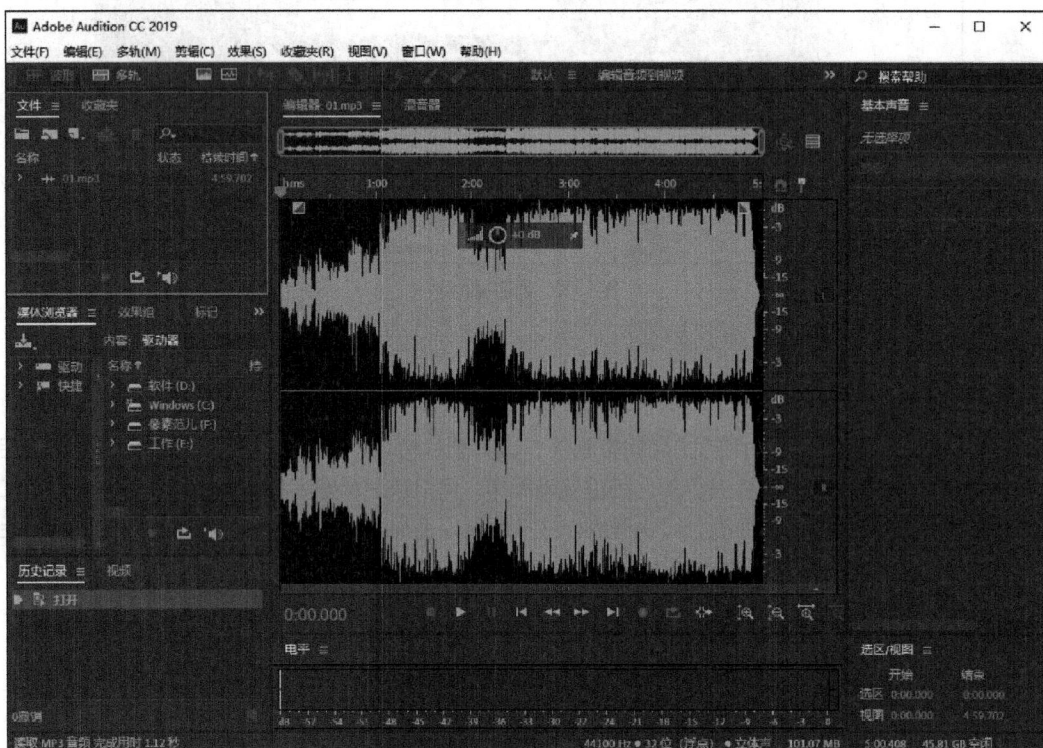

图1-10　使用Adobe Audition编辑音频

网络编辑可以使用剪切、复制、粘贴和移动音频剪辑等基本功能，也可以使用更高级的工具在音频中加入剪辑效果，包括音高转换、时间拉伸、音量均衡化等。Adobe Audition是一个完善的"多声道录音室"，可提供灵活的工作流程且使用简便，无论是要录制音乐、无线电广播，还是要为录像配音，Adobe Audition都能创造高质量、丰富、细腻的声音效果。

2. MP3 Splitter

MP3 Splitter（MP3剪切器）是一个免费的音频编辑工具。使用该工具，用户可根据文件大小或

MP3（Moving Picture Experts Group Audio Layer III，动态影像专家压缩标准音频层面3）歌曲时间的长短对MP3文件进行随意切割。MP3 Splitter支持多种MP3文件分割方式，可以一次性分割多个MP3文件，把需要的MP3片段提取出来。该软件非常适用于制作铃声。

网络编辑可以使用它把一个较大的MP3文件剪切、调整为多个较小的片段，也可以把多个小片段合并为一个大文件。该软件还内置了MP3播放功能，使网络编辑在实际操作前可以对准备切割的片段进行预听。

3．MP3剪切合并大师

MP3剪切合并大师是一款界面简洁、操作方便、支持无损切割的MP3剪切合并工具。该软件可方便地将MP3和各种流行的视频或音频剪切成MP3片段和手机铃声，且支持对MP3文件进行任意时间段的切割，支持无损剪切MP3等音频，剪切后音质不变；还可用于把多个MP3、WAV、AAC等格式的音频文件合并成一个文件。使用MP3剪切合并大师可以把一首歌的中间部分去除，也可以把多段音频连接在一起。

4．Audacity

Audacity是一款免费、开源的录音和音频编辑软件，可导入WAV、AIFF、AU、IRCAM、MP3等格式的音频文件，并支持大部分常用的操作，如剪裁、粘贴、混音、升/降音等，并支持变音特效、插件和无限次撤销操作，内置载波编辑器。Audacity支持Linux、macOS、Windows等多种操作系统。

5．迅捷音频转换器

迅捷音频转换器是一款专业的音频编辑工具，拥有音频剪切、音频提取、音频转换等多种功能，支持绝大多数音频格式和参数的自定义更改，可有效帮助用户实现音频文件格式间的相互转换，使用户更好地开展工作，也为广大用户提供了非常便捷的音频剪切功能，包括平均分割、时间分割、手动分割等。用户可以对音频进行合理的剪切，选择自己需要的音频片段。迅捷音频转换器支持批量操作，其功能强大、操作简单。

1.2.4　网络视频编辑工具

编辑网络视频时，一款好用的视频编辑工具往往能在很大程度上提高编辑的工作效率，并提升视频的质量。下面介绍一些网络视频编辑的常用工具，如Premiere、剪映、爱剪辑、会声会影、快剪辑等。

1．Premiere

Premiere是Adobe公司推出的一款视频、音频编辑软件，提供采集、剪辑、调色、美化视频、字幕设计、输出、DVD（Digital Versatile Disc，数字通用光碟）刻录等一整套流程，深受广大视频、音频制作爱好者的喜爱。Premiere作为功能强大的视频、音频编辑软件，被广泛地应用于电视节目制作、广告制作及电影剪辑等领域，制作的效果令用户非常满意，可协助用户更加高效地工作。图1-11所示为使用Premiere编辑视频。

图1-11　使用Premiere编辑视频

📖 **知识链接**

Premiere的主要功能如下。

（1）剪辑视频，把一段视频或多段视频修剪、拼接成一段完整的视频。

（2）为视频添加各种字幕，如对白字幕、贴图文字等。

（3）简单地抠像，如抠绿幕背景，抠简短、简单的动作等。

（4）给视频调色，修改、替换颜色和色相饱和度，突出颜色、亮度等。

（5）调节画面的平面运动，如调节画面的远近、旋转、翻转、透明度、关键帧运动、画面多镜头表现等。

（6）添加各种效果，如模糊、羽化、镂空、叠加、扭曲、花式转场等。

2．剪映

剪映是一款视频编辑工具，用户使用剪映能够轻松地对短视频进行各种编辑，包括卡点、特效制作、倒放、变速等。用户还可以通过剪映，直接将剪辑好的短视频发布至抖音平台，非常方便。图1-12所示为剪映界面。

图1-12　剪映界面

相比专业的视频后期软件，如Premiere等，剪映作为简单、易上手的视频软件，可以让零基础的后期处理新手以较低的学习成本制作出精彩的短视频。剪映因为易上手且功能强大的特点，成为目前主流的、更适合大众使用的短视频后期剪辑工具。

3. 爱剪辑

爱剪辑是一款实用的视频剪辑软件，支持为视频添加字幕、调色、添加相框等功能，操作简单、快捷。爱剪辑人性化的界面令用户无须花费大量的时间学习就能够快速上手剪辑视频，且爱剪辑较快的启动速度、运行速度也使用户剪辑视频更加得心应手。爱剪辑能帮助所有用户进行创作，哪怕是零基础用户也能较容易地自由剪辑视频，创作与分享作品。图1-13所示为爱剪辑的界面，进入"画面风格"界面后，可以看到左侧有"画面""美化""滤镜""动景"等选项。

图1-13 爱剪辑的界面

4. 会声会影

会声会影是一款智能、快速、简单的视频剪辑软件，其灵活性和易用性给人带来与众不同的视频剪辑体验，备受入门级用户的青睐。会声会影有丰富的视频剪辑功能，可以帮助用户轻松地剪辑出想要的视频。

使用会声会影剪辑视频非常简单，插入视频后就可以对视频进行各种操作了，如图1-14所示。会声会影为用户提供了多种滤镜，用户在剪辑视频时，可以将滤镜应用到视频中，这样可以令视频产生绚丽的视觉效果，使制作出的视频更具表现力。

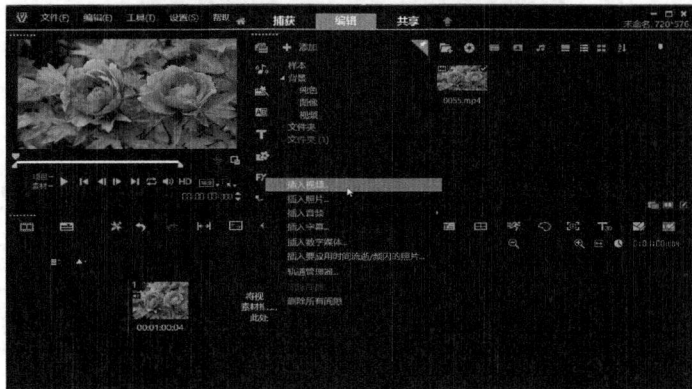

图1-14 使用会声会影剪辑视频

5. 快剪辑

快剪辑是北京奇虎科技有限公司推出的一款视频剪辑软件，使用非常方便，可以为剪辑好的视频添加特效字幕、水印签名等多种效果。图1-15所示为快剪辑的界面，在视频下方可进行编辑、删除等操作。单击编辑视频的图标，可以对视频进行各种编辑，如添加动画、裁剪，以及添加特效字幕、贴图、标记、马赛克、二维码等，如图1-16所示。

图1-15　快剪辑的界面

图1-16　对视频进行各种编辑

1.3 网络编辑的岗位职责和职业道德

互联网的飞速发展对网络编辑的职业素养提出了极大的挑战，网络编辑素质的高低直接影响着网络的整体水平与形象。本节将介绍网络编辑的岗位职责和职业道德。

课堂讨论

谈一谈你对网络编辑的岗位职责和职业道德的认识。

1.3.1 网络编辑的岗位职责

国内不同网络平台的网络编辑团队规模差别较大，少则几人，多则几十甚至数百人。要想成为一名合格的网络编辑，首先需要了解其岗位职责。由于网络平台的性质、规模及定位等的不同，各网络平台网络编辑工作的岗位职责也不尽相同，下面介绍一些常见的网络编辑岗位职责。

（1）了解并学习平台规则，充分了解国家相关政策和法规，把握正确的文章编写导向。

（2）进行网络媒体新闻更新及原创新闻写作、行业人物的专访与行业事迹的突发报道。

（3）负责品牌文案、营销广告语、广告文案、活动文案、微博文案、微信文案、新闻稿、软文等各类文案的策划和撰写工作。

（4）网络媒体关键字的优化。及时发现新的信息源，并挖掘新鲜的长尾关键词。将针对搜索引擎的优化元素植入到文章当中，达到对用户、搜索引擎的双重优化。

（5）根据网络媒体规划和栏目设置，每日收集相关资料、充实网络媒体内容，并保证文章收录量。对收集的信息进行筛选、加工、编排等，确保更新内容准确无误。

（6）网络媒体内容及活动项目推广。提高网络媒体的访问量与网络媒体活动项目及产品的知名度。

（7）及时更新网络媒体内容。每日在充实网络媒体内容的同时及时发现站内错误，并反映给有关人员，以免造成网络媒体损失。

（8）与各部门沟通，协调网络媒体开发人员与市场销售及运营人员执行网络媒体策划。

（9）根据网络媒体的市场发展需求，策划组织开发活动主题。

（10）网络媒体内容合作发展。负责各类网络推广平台的文案撰写和推广，如微信推广、微博推广、短视频推广、直播推广等。

1.3.2 网络编辑的职业道德

由于互联网具有交互性、开放性、及时性、便捷性等特点，网络信息传播的速度非常快，传播面非常广泛。与此同时，网上的虚假信息、不良信息也越来越多，甚至逐渐呈泛滥之势，这导致了非常严重的社会后果，使得网络媒体的公信力变得越来越差。因此，承担网络信息把关人角色的网络编辑应该不断增强社会责任感，提高自身素质，遵守国家制定的有关新闻媒体的政策及法律法规，树立起网络媒体从业人员良好的职业道德观。

国家职业技能标准规定了网络编辑职业守则的基本内容，主要包括以下两个方面。

（1）遵纪守法，尊重知识产权，爱岗敬业，严守新闻出版规定和纪律。

（2）实事求是，工作认真，尽职尽责，一丝不苟，精益求精，具备团队合作精神。

网络编辑在工作中还应参照新闻工作者的职业道德准则，其内容要点如下。

（1）全心全意为人民服务。

（2）坚持正确的舆论导向。

（3）遵守宪法、法律和纪律。

（4）维护新闻的真实性。

（5）保持清正廉洁的作风。

（6）发扬团结协作精神。

📖 **知识链接**

　　网络编辑需要遵循新闻媒体所具有的基本准则和基本规律，无论是在传统媒体上发布信息，还是在网络上发布信息，都需要遵守一定的规范。例如，需要对内容进行必要的核实，维护信息的真实性，应该客观地报道事实，不应当炒作新闻；选择事实的时候还要考虑平衡原则，注意公平和正义，坚持正确的舆论导向；此外，还要对信息的来源进行必要的考察等。

1.4　网络编辑的知识结构和工作技能

　　网络编辑不但是新媒体时代的"把关人"，更是思想者，这就对网络编辑的知识结构和工作技能提出了更高的要求。图1-17所示为某公司招聘网络编辑的职位描述和任职要求。

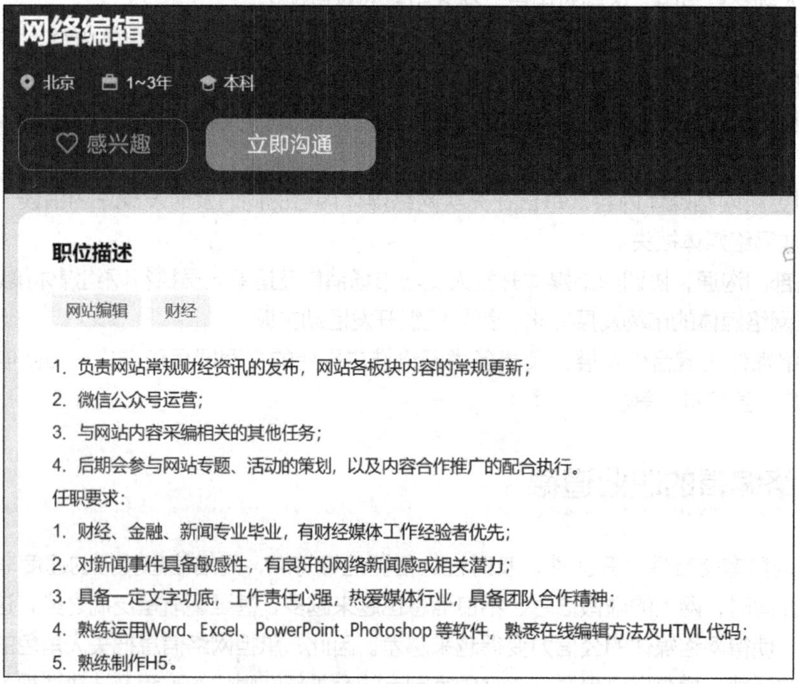

图1-17　某公司招聘网络编辑的职位描述和任职要求

📋 **课堂讨论**

　　假如你是一位网络编辑，你觉得网络编辑应该具备什么样的知识结构和工作技能？

1.4.1　网络编辑的知识结构

网络编辑要具备一定的知识结构，能快速对网络信息做出基本的判断。概括来讲，网络编辑要具备新闻编辑基本知识和深厚的理论知识，而且要具有基本的信息技术知识，掌握必要的网络和信息技术。此外，相关法律法规知识、一定的外语知识也是必须具备的。

网络编辑的知识结构如图1-18所示。

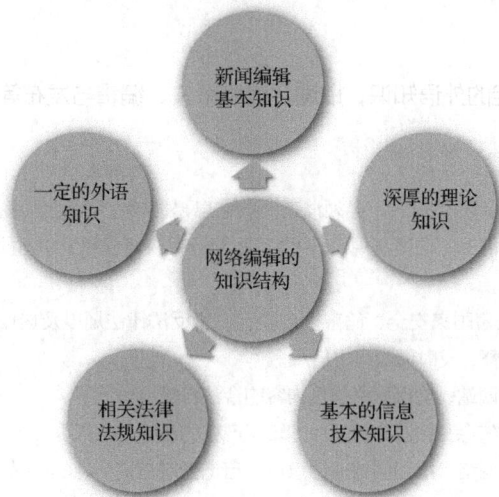

图1-18　网络编辑的知识结构

1．新闻编辑基本知识

随着互联网的快速发展，网络编辑的工作范围变得日益宽泛，但是文字能力依然是最重要的基本要求之一。网络信息的筛选和判断、稿件的写作和编辑、稿件标题的拟定、稿件内容的编改和整合等一系列环节都需要网络编辑具备扎实的文字功底、丰富的新闻知识和一定的新闻敏感度。

2．深厚的理论知识

丰富的知识储备是做好编辑工作的立身之本。网络编辑应该在其所负责的领域具备较深厚的理论知识，对所负责领域的最新发展和动态有全面的了解与掌握，并对其他相关领域有较多的关注。

3．基本的信息技术知识

网络编辑应具备基本的计算机知识和网络知识。网络不仅是网络编辑获取信息的渠道，也是受众参与互动的渠道。网络编辑应具备较强的数字化信息处理能力和娴熟的网络应用能力，还应掌握基本的网页制作技术及多媒体内容编辑技术，以便更好地完成工作。

4．相关法律法规知识

网络编辑要熟悉相关法律法规知识，如《中华人民共和国著作权法》《互联网信息服务管理办法》《互联网电子公告服务管理规定》《互联网用户公众账号信息服务管理规定》《互联网直播服务管理规定》《中华人民共和国网络安全法》等法律法规。同时，网络编辑还要熟知包括肖像权、隐私权、名誉权、新闻控制与新闻自由以及传播从业人员自律等内容的基本法律法规，树立依法编辑的意识，维护自身和他人的合法权益。

上网查找与网络编辑业务相关的法律法规，阅读全部条款并从中选出你认为与网络编辑日常工作有紧密联系的部分条款。

5．一定的外语知识

网络编辑还应该具有一定的外语知识，以满足信息采集、编辑与发布等方面的需要。

💡 **素养提升**

网络编辑是网络内容的设计师和建设者，必须清楚哪些信息是能够在网络上传播的，哪些是不能传播的，这就要求网络编辑遵守网络信息发布的相关法律法规。《中国互联网行业自律公约》中对网络从业者提出了一些要求，可以作为网络编辑从业人员的参考。

（1）不制作、发布或传播危害国家安全、危害社会稳定、违反法律法规以及迷信、淫秽等有害信息，依法对用户在本网站上发布的信息进行监督，及时清除有害信息。

（2）不链接含有有害信息的网站，确保网络信息内容的合法、健康。

（3）制作、发布或传播网络信息，要遵守有关保护知识产权的法律、法规。

（4）引导广大用户文明使用网络，增强网络道德意识，自觉抵制有害信息的传播。

（5）对接入的境内外网站信息进行检查监督，拒绝接入发布有害信息的网站，消除有害信息对我国网络用户的不良影响。

（6）营造健康文明的上网环境，引导上网人员特别是青少年健康上网。

（7）互联网信息网络产品制作者要尊重他人的知识产权，反对制作含有有害信息和侵犯他人知识产权的产品。

1.4.2　网络编辑的工作技能

很多网络公司在招聘网络编辑的时候，非常注重网络编辑的工作技能。网络编辑需要具备以下几个方面的能力，如图1-19所示。

1-3　网络编辑
的工作技能

1．主动学习能力

在网络编辑的工作能力中，被大家认可的最重要的一项能力就是主动学习能力。主动学习能力是人们在学习、工作及日常生活中必须具备并广泛使用的能力。网络编辑是新技术的使用者，只有不断地学习，掌握新的技术、新的潮流走向，创造新的网络内容和形式，才能成为"高速行驶的网络航船"的掌舵者。

2．较强的互动能力

网络编辑应具备较强的互动能力，以便更好地了解受众的需求，发挥受众在信息传播中的作用。随着微博、微信、短视频、直播等新媒体形式和网络技术的发展，普通网民在信息传播中所起的作用日益重要，用户创作内容正成为网络信息传播的趋势，这对网络编辑的互动能力提出了更高的要求。

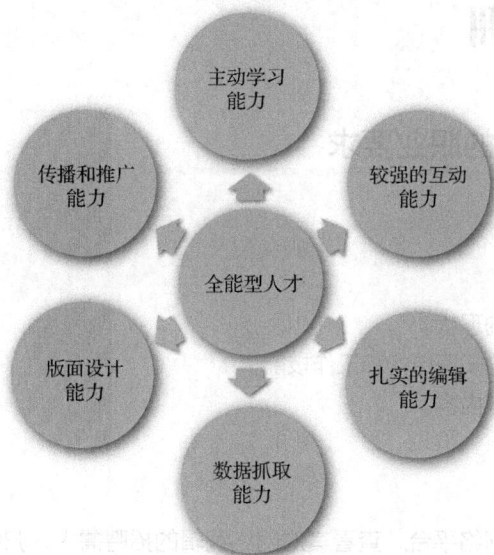

图1-19　网络编辑的工作技能

3．扎实的编辑能力

网络编辑应具备传统编辑扎实的编辑能力，主要包括内容的策划以及稿件的筛选、审核、编辑、校对等能力；还应具备良好的语言文字表达能力、信息筛选与加工能力、采访及写作的技能等。网络编辑的业务能力除了文字写作之外，还应包括在编辑稿件的过程中对需要的图片、视频、音频等多媒体内容进行处理的能力。

4．数据抓取能力

在大数据时代，网络编辑应具备数据抓取能力，包括对数据的感知力和整合能力、对意见领袖的了解等。网络编辑在进行工作的过程中，要搜寻有效信息与数据，并能将各类数据进行整合。对数据的抓取能力是网络编辑的新闻敏感性与资源整合能力的有机结合。

5．版面设计能力

大数据时代不仅数据多，人们的碎片化时间多，零散新闻等也多。而对内容的包装和对版式的设计等在一定程度上能够起到画龙点睛的效果。一个清新、美观的版面，在纷繁复杂的网络信息中，在多种多样的展示平台上，往往能受到更多浏览者的喜爱。

6．传播和推广能力

网络编辑要具备传播和推广能力，要能利用数字化技术和微博、微信、短视频App等网络平台与广泛受众进行互动交流，有目的、有意识地对网站内容和栏目进行推广和宣传，以提升在受众群体中的影响力和知名度。

综上所述，网络编辑应当是网络媒体全能型人才。互联网是多媒体体系，互联网上的内容有文字、图片、视频、音频等，多媒体内容需要用多种媒体的编辑能力进行操作。因此，网络编辑应具备报纸媒体需要的文字编辑能力，以及广播、电视媒体要求的视频、音频编辑能力和网络媒体本身所需的一些能力。

1.5 任务实训

1.5.1 分析网络编辑的职业要求

【实训目标】

（1）了解网络编辑职业的现状。

（2）分析网络编辑需要的知识结构和工作技能。

（3）分析网络编辑的工作内容。

【实训内容】

选取若干个不同类型的网络平台，查看其对网络编辑的招聘需求，归纳总结网络编辑需要的知识结构和工作技能，然后结合本章知识体系和自身职业规划，完成报告。

（1）通过招聘网站查找"网络编辑"职位，或在知名企业官网平台查看与"网络编辑"职位相关的招聘信息。

（2）查看不同网络平台，如电子商务网站、政府网站、新闻网站、企业网站、微信公众号平台、短视频平台、直播平台等上的网络编辑招聘信息及要求。

（3）分析总结网络编辑需要的知识结构和工作技能。

（4）结合自身职业规划，完成报告。报告内容要求如表1-1所示。

（5）总结出网络编辑需要的知识结构、工作技能和工作内容。

表1-1 不同网络平台招聘网络编辑的要求

网络类型	不同网络平台招聘网络编辑的不同要求	不同网络平台招聘网络编辑的相同要求
电子商务网站		
政府网站		
新闻网站		
企业网站		
微信公众号平台		
短视频平台		
直播平台		

1.5.2 熟悉网络编辑常用工具

【实训目标】

（1）学会在网上搜索网络编辑常用工具。

（2）下载并安装这些常用的网络编辑工具，并熟悉其工作界面和基本操作。

【实训内容】

下面通过百度搜索引擎，在网上搜索网络编辑常用工具，并下载、安装工具。

（1）在百度搜索引擎中搜索Dreamweaver、Microsoft Office、壹伴编辑器、秀米、排版、135编辑器等网络内容编辑与排版工具，下载、安装后熟悉其操作方法。

（2）在百度搜索引擎中搜索Photoshop、创客贴、美图秀秀等网络图片编辑工具，下载、安装后熟悉其操作方法。

（3）在百度搜索引擎中搜索Adobe Audition、MP3 Splitter、MP3剪切合并大师等网络音频编辑工具，下载、安装后熟悉其操作方法。

（4）在百度搜索引擎中搜索Premiere、剪映、爱剪辑、会声会影等网络视频编辑工具，下载、安装后熟悉其操作方法。

1.6 知识巩固训练

1. 名词解释

网络编辑　　　信息筛选

2. 单项选择题

（1）网络编辑按（　　）分，有主页编辑、频道编辑、栏目编辑、专题编辑。

A. 编辑对象　　　　　B. 编辑终端　　　　　C. 编辑形式　　　　　D. 类型

（2）网络编辑需要对庞杂而分散的网络信息进行归类、整合及组织，形成若干内容大类，构建网站频道或栏目。这属于网络编辑的（　　）职能。

A. 信息筛选　　　　　B. 信息整合　　　　　C. 信息推介　　　　　D. 信息加工

（3）在互联网环境下，信息的时效性大大增强，网络编辑可以在第一时间发布信息，也可以随时更新、修改、删除已发布的信息，甚至还可以在线直播。这属于网络编辑的（　　）职业特点。

A. 整合性编辑　　　　B. 双向化编辑　　　　C. 全天候编辑　　　　D. 交互性编辑

3. 多项选择题

（1）下面的（　　）属于网络编辑的工作内容。

A. 采集信息、选择文章、制作标题　　　　　B. 网站的建设、网页的制作

C. 音频和视频的编辑　　　　　　　　　　　D. 网络的推广

（2）下面的（　　）属于网络图片编辑工具。

A. Photoshop

B. Dreamweaver

C. 创客贴

D. 美图秀秀

（3）网络编辑的工作技能包括（　　）。

A. 较强的互动能力

B. 扎实的编辑能力

C. 主动学习能力

D. 数据抓取能力

4. 思考题

（1）网络编辑的工作内容有哪些？

（2）简述网络编辑的工作流程。

（3）简述网络编辑的岗位职责。

（4）网络编辑的工作技能有哪些？

第 2 章

网络信息的采集、筛选和归类

学习目标

知识目标	☑ 熟悉网络信息的定义及分类。 ☑ 熟悉网络信息筛选的作用和标准。 ☑ 熟悉网站常见的结构。
技能目标	☑ 掌握网络信息的采集渠道和采集工具。 ☑ 掌握网络信息筛选的步骤和基本方法。 ☑ 掌握网络信息的归类操作。
素养目标	☑ 增强法律意识，遵守相关规范和准则，不制造和传播虚假信息。

引导案例

"媒体大脑"是新华智云自主研发的我国首个媒体人工智能平台，向媒体机构提供大数据+人工智能的新闻生产、分发和监测能力。通过融合云计算、物联网、大数据、人工智能等多项技术，"媒体大脑"将扮演智能时代新闻生产基础设施的角色，为各类媒体机构提供线索发现、素材采集、编辑生产、分发传播、反馈监测等服务，使新闻报道智能化。

网络信息采集的方式越来越多样和先进，利用大数据技术和人工智能技术进行信息采集并自动生成新闻将成为未来的一种流行趋势。文本、图片、音/视频数据化，通过人工智能技术对数据进行加工，根据需要自动生成内容，这将成为未来媒体的一种常态化生产模式。

那么，什么是网络信息呢？网络信息的采集渠道和采集工具有哪些？网络信息筛选的标准和步骤是怎样的？如何对网络信息进行归类操作？本章将回答这些问题。

思考：

1. 什么是"媒体大脑"？
2. 网络信息采集的趋势是怎样的？

本章要点

随着互联网的快速发展，各个领域在采集信息时都使用了先进的技术，这大大提高了信息的利用率，但一定要遵循相应的方针，严格筛选信息，对信息进行合理分类和把关，从而更好地利用信息。本章主要介绍网络信息采集、筛选和归类。

2.1 网络信息采集

在网络信息时代，短时间内获取大量信息的最有效方式就是网络信息采集，应通过合理的采集渠道，并利用优质的采集工具保证信息的采集质量。

课堂讨论

什么是网络信息？常见的网络信息的采集渠道有哪些？

2.1.1 网络信息的定义及分类

网络信息是在互联网上运用网络技术发布的信息，包括文字、数据、表格、图形、影像、声音以及内容能被人或计算机认知的符号系统。

为了便于人们更好地认识、检索、管理和使用网络信息资源，下面从不同的角度把网络信息划分为不同的类型。

1. 按照信息存在的形式划分

按照信息的类型，可以把网络信息划分为文档、超文本文件、图像、多媒体文件和应用程序；而按照信息本身存在的形式，可以把网络信息划分为文字信息、图像信息、图表信息、动画信息、视频信息和音频信息6种类型。

2．按照信息的内容属性划分

按照信息的内容属性，可将网络信息划分为新闻信息、学术信息、娱乐信息、教育信息、科技信息、房产信息、商务信息、旅游信息、时尚信息、体育信息、财经信息和个人信息等几大类，这些信息也有相互交叉的内容，每一个大类又可划分为不同的小类。

3．按照信息交流方式划分

按照信息交流方式，可将网络信息划分为非正式出版信息、正式出版信息、半非正式出版信息。非正式出版信息是指流动性、随意性较强的，信息量大、信息质量难以保证和控制的动态性信息，如电子邮件、电子会议等中的信息；正式出版信息是指受到一定产权保护、信息质量可靠的信息，如各种网络数据库、电子杂志、电子图书等中的信息；半非正式出版信息介于以上两者之间，是指受到一定产权保护但没有正式出版的信息，如各学术团体、机构、企业等单位宣传自己或产品的信息。

4．按照信息加工层次划分

按照信息加工层次，可将网络信息划分为网络数据库、电子期刊、电子图书、电子报纸、参考工具书和其他动态信息等类别。

5．按照信息发布机构划分

按照信息发布机构，可将网络信息划分为企业网站信息、学校及科研院所网站信息、信息服务机构网站信息、行业机构网站信息以及政府网站信息等类别。

2.1.2 网络信息采集渠道

信息的采集渠道是多种多样的，不同的网络信息的采集渠道有所不同。下面以最常见的新闻稿件和商务信息为例介绍网络信息采集渠道。

1．新闻稿件的采集渠道

新闻稿件常见的采集渠道包括传统媒体渠道、政府官方渠道、自媒体渠道和受众渠道，如图2-1所示。

（1）传统媒体渠道。传统媒体渠道是新闻稿件采集信息的主要渠道。传统媒体建立了专业的信息采集渠道，具有权威性，确保了真实性和客观性。鉴于传统媒体的公信力，这些信息往往容易为大众所信服。

（2）政府官方渠道。政府官方渠道也是新闻稿件采集信息的重要渠道之一。一般的政府机构通过自己的官方平台将信息发布给大众，而各个新闻网站或媒体平台在获取这些信息之后，对其稍加编辑，便可将其发布在自己的平台上。新闻网站在对这种类型的信息进行编辑时，不能随意修改，要如实地报道和发布，要将网民最关心的问题及时传递给他们，保证网民的知情权。

（3）自媒体渠道。自媒体渠道也是新闻稿件采集信息的一个重要渠道。自媒体为新闻网站提供更多元、更丰富、更吸引人、更新、更快的信息。新闻网站既可以直接转载自媒体平台的稿件，也可以对自媒体平台提供的信息进行修改，然后再发布信息。

（4）受众渠道。受众渠道也是新闻稿件采集信息的重要渠道之一。受众凭借着现场优势为新闻网站提供信息，新闻网站自身配置的记者和编辑团队根据这些信息进行新闻的撰写和发布。

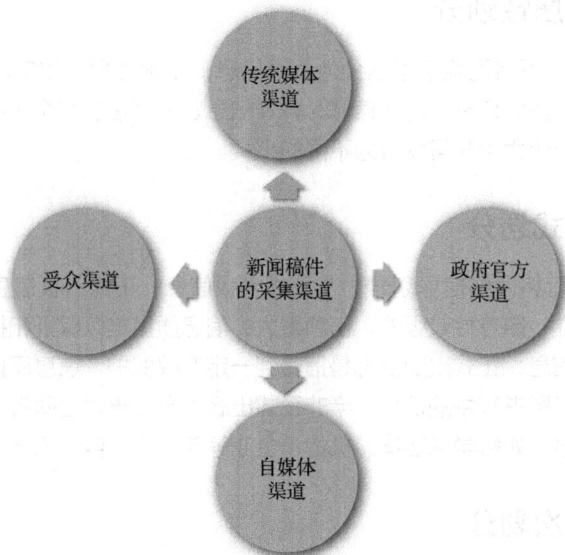

图2-1　新闻稿件的采集渠道

📖 **知识链接**

　　在当前的新媒体环境下，受众在看到或参与到某一事件时，可以拿出手机打开相机拍下视频和图片，并上传到网络上。这样的信息比媒体和政府发布的信息传播得更早、更快，因此受众有时候往往掌握着第一手信息，处于第一信息源的位置。但是由于受众的媒介素养参差不齐，受众有时会为了哗众取宠而编撰虚假信息，传播假消息，因此新闻网站的编辑要对受众提供的信息进行严格把关，筛除不实信息，在保证新闻独家性的同时更要保证新闻的客观和公正。

2．商务信息的采集渠道

　　商务信息常见的采集渠道包括政策渠道、统计渠道、科技渠道、市场渠道、商品渠道、消费渠道，如图2-2所示。

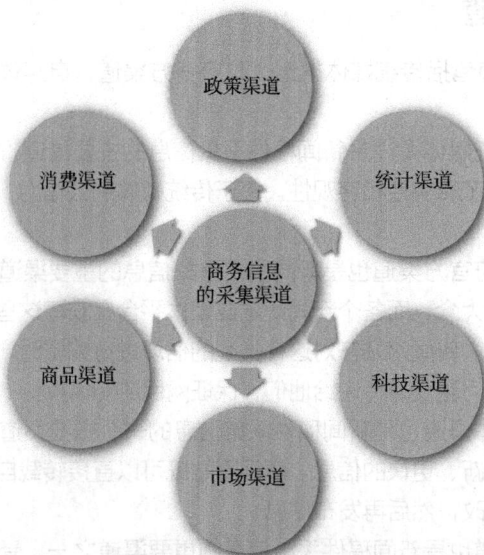

图2-2　商务信息的采集渠道

（1）政策渠道。政策渠道包括国家及其所属各部门为了指导商品生产、经营和消费所制定的各项政策和措施，如产业和产品结构调整的政策、招商引资政策、投资审批政策、环境保护政策、对外贸易政策、物价政策等。它们可通过政府部门文件、新闻报道或发布会及有关刊物、会议、研讨会等渠道获得。

（2）统计渠道。有关政策的执行结果，各种商品的生产、流通、消费情况等定量化的信息数据可从统计、财政、金融、商务、工业等部门获得。

（3）科技渠道。有关商品的科技开发动态、发明专利，商品的新材料、新工艺、新技术等科技信息，可以从科技部门、专业会议、科技企业中获得。

（4）市场渠道。各类商品的市场供求情况、价格升降、质量要求、同行竞争程度与市场占有率等信息，可以通过各种电子商务平台、交易会、展销会等途径获得，也可从社会经济信息咨询机构，如各种信息中心、社会调查机构、行业协会等处获得。

（5）商品渠道。从厂家的商品广告、大众传播媒体（如报刊、广播、电视）、商品手册与消费指南、商品标识与说明书、维修手册、商业告示等途径，可了解具体商品的规格、属性、功能特点、颜色、尺寸、价格、使用方法、维修方法、售后服务等内容。

（6）消费渠道。商品消费结构和层次的分析、各类商品消费者的数量及分布、商品消费心理与习惯、购买动机和方式、消费者购买力及消费倾向、消费者组织及其活动等信息，一般可以通过对消费者的抽样调查、社会调查机构、新闻媒体、消费者组织主办的媒体等途径获得。

2.1.3　网络信息采集工具

由于网络信息的数量庞大，内容丰富，同时来源渠道多样，质量良莠不齐，因此需要运用有效的采集工具才能采集到满足要求的信息。常用的网络信息采集工具有搜索引擎、信息采集软件、RSS订阅、网络数据库、专业网站、新媒体平台等。

2-1　网络信息采集工具

1. 搜索引擎

搜索引擎是对互联网信息资源进行搜索、整理和分类，并存储在网络数据库中供用户查询的系统。在搜索引擎中检索信息都是通过输入关键词来实现的。搜索引擎是用于网上信息资源选择的主要工具，其按工作方式可分为全文搜索引擎、目录搜索引擎和垂直搜索引擎。

（1）全文搜索引擎。全文搜索引擎是在从互联网上提取各个网站的信息而建立的数据库中，检索与用户查询条件匹配的相关记录，然后按一定的排列顺序将结果返回给用户。

全文搜索技术以各类数据（如文本、音频、图像、视频等）为对象，提供按数据的内容来进行的信息检索，其特点是能对海量的数据进行有效管理和快速检索。全文搜索引擎可对网页中的每一个关键词进行索引，建立索引数据库；当用户查找某个关键词的时候，所有包含了该关键词的网页都将作为搜索结果被搜索出来；在利用复杂的算法进行排序后，这些结果将按照与搜索关键词的相关度高低依次排列。图2-3所示为通过百度搜索引擎搜索信息。

（2）目录搜索引擎。目录搜索引擎是通过人工方式或半自动方式搜集信息，经由编辑人员查看信息之后，人工形成信息摘要，并将信息摘要置于事先确定的分类框架中。目录搜索引擎虽然有搜索功能，但从严格意义上看，它算不上是真正的搜索引擎，仅仅是按目录分类的网站链接列表。用户完全可以不进行关键词查询，仅靠分类目录找到需要的信息，如使用360导航、hao123等。图2-4所示为hao123页面。

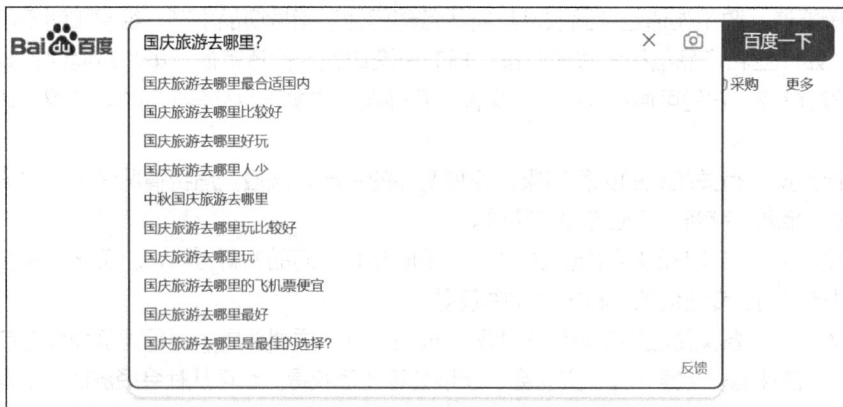

图2-3　通过百度搜索引擎搜索信息

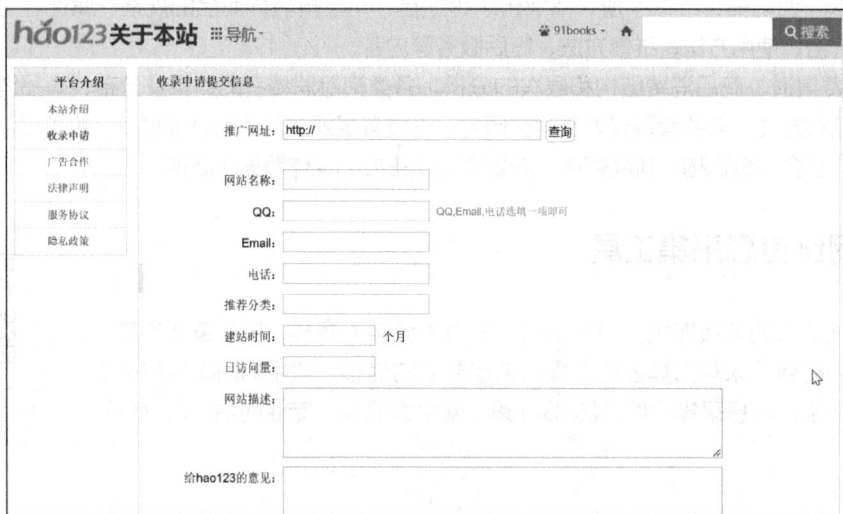

图2-4　hao123页面

（3）垂直搜索引擎。垂直搜索引擎是针对某一个行业的专业搜索引擎，是搜索引擎的细分和延伸。它通过对网页数据库中的某类专门信息进行一次整合，定向分字段抽取出需要的数据，进行处理后再以某种形式返回给用户。垂直搜索引擎相对于综合搜索引擎的最大优势是对信息进行深度的、精细化的处理，能为用户提供更专业、更具体和更深入的信息和服务。

2.信息采集软件

对网页数据进行采集最初通过人工手动采集来实现，手动采集可以满足少量的采集需求，但网页数据是海量的，传统的手动采集会耗费很多时间和精力。因此，需要一个高效的采集软件来帮助我们快速完成采集，在这种需求之下产生了网络信息采集软件。常见的网络信息采集软件有火车采集器、网络神采、八爪鱼采集器等。

（1）火车采集器。火车采集器是一款专业的网页数据抓取、处理、分析、挖掘软件。该软件凭借灵活的配置，可以轻松、迅速地抓取网页上散乱分布的文本、图片、视频等数据，并通过数据清洗、过滤、去噪等预处理后进行整合、聚集、存储，再进行数据的分析、挖掘，最终将可用数据呈现出来。火车采集器实现了将数据从采集、处理到发布的一系列智能操作，能够快速、稳定地应对大量的数据采集需求，取代手动采集并模拟人工操作，大幅提升工作效率。

（2）网络神采。网络神采是一款基于互联网技术的数据采集软件，可以帮助用户快速、准确地从多个网站中提取有用的信息，并进行整理和分析。该软件支持多种数据采集方式，如API（Application Program Interface，应用程序接口）等，可以满足不同用户的需求。该软件还提供了强大的数据处理和分析功能，可以对采集到的数据进行清洗、整理、分析，并生成可视化的图表和报告，帮助用户更好地了解数据背后的趋势和意义。

（3）八爪鱼采集器。八爪鱼采集器是整合了网页数据采集、移动互联网数据及API服务（包括数据优化、数据挖掘、数据存储、数据备份）等为一体的数据服务平台。八爪鱼采集器可根据不同网站，提供多种网页采集策略与配套资源，可自定义配置，组合运用，自动化处理，从而使采集过程中的数据保持完整与稳定。图2-5所示为八爪鱼采集器。

图2-5　八爪鱼采集器

3．RSS 订阅

RSS（Really Simple Syndication，简易信息聚合）是在线共享内容的一种简易方式，用于发布经常更新的信息，如新闻头条、博客文章、音频、视频等。通过RSS，内容提供者可以将新内容发布到一个标准的格式中，而用户可以通过RSS阅读器或聚合器订阅这些内容并接收更新信息。

用户可以在客户端借助支持RSS的新闻聚合工具软件，也可以通过在线订阅站点从网站提供的RSS新闻目录列表中订阅感兴趣的新闻栏目的内容。如果网站上有"XML"或"RSS"的橙色图标，用户就可以订阅。RSS目前广泛应用于网上新闻频道等。RSS以其方便、快捷的工作方式提高了网络编辑的工作效率，但是也带来了信息高度重复的问题。图2-6所示为百度RSS订阅中心。

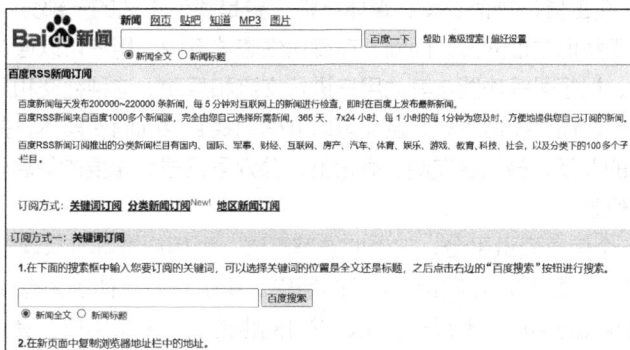

图2-6　百度RSS订阅中心

4．网络数据库

网络数据库具有信息量大、更新快、品种齐全、内容丰富、检索功能完善等特点，也是获取信息（尤其是文献信息）的一个有效途径。例如，用于查询期刊论文的网络数据库有中国知网、万方数据、龙源期刊网等，用于查询中文图书的网络数据库有超星数字图书馆等。图2-7所示为中国知网首页。

图2-7　中国知网首页

网络数据库有收费数据库和免费数据库之分。收费数据库一般需要购买使用权；免费数据库一般是政府等非营利性组织创建并维护的数据库，主要存储专利、标准、政府出版物等。

5．专业网站

专业网站所提供的信息容量大、内容全面、数据准确。专业网站是最简单、最直接地获取信息的一种渠道。网络编辑要熟悉并经常关注所在领域的专业网站。从专业网站获取信息时，需要注意网站和稿件的版权声明，不要侵犯对方的著作权。常见的专业网站有综合性的新闻网站、专业财经信息网站、教育信息网站、科技信息网站、电子商务网站等。

6．新媒体平台

来自中国社会科学院新闻与传播研究所的一项调查显示，新媒体平台已经成为我国公众获取新闻信息的主要渠道。以微博、微信、今日头条、抖音为代表的新媒体平台是网民获取信息最重要的来源。通过对新媒体平台内容进行跟踪、聚类和汇总，可以发现目前的热点话题。

（1）微信不仅是社交工具、营销工具、媒体终端，更是我们生活的一部分。微信的便捷性使其各项功能可以高效地服务于我们生活的方方面面。在微信生态体系中，用户可以通过微信朋友圈、微信公众号、小程序、微信群、视频号等功能与其他用户进行交流和互动。这种社交和互动的特性使得微信成为新媒体营销的理想平台。通过微信生态，企业可以准确地找到目标消费群体，并向他们传递产品信息和推广内容。随着微信的普及，微信朋友圈、微信群、公众号已成为重要的信息传播平台。图2-8所示为通过微信公众号获取信息。

（2）今日头条是一个信息资讯平台，它借助推荐算法，为用户推荐感兴趣的内容。今日头条作为我国最大的信息平台之一，每天吸引着数以亿计的用户。头条号自媒体因为有庞大的用户群体，加上智能推荐引擎，能够精准找到用户，无须求关注、求订阅也能拥有海量用户，受到了广大营销人员的喜爱。图2-9所示为通过今日头条获取信息。

图2-8 通过微信公众号获取信息

图2-9 通过今日头条获取信息

（3）抖音是一款可拍摄短视频的音乐创意短视频社交平台。在这个平台上，用户通过选择音乐、拍摄短视频来完成自己的作品。抖音还集成了镜头、特效、剪辑等功能，以尽量减少需要对短视频进行后期处理而导致的流量转移。

（4）微博是一个基于用户关系的信息分享、传播以及获取平台，用户可以通过微博客户端登录，以简短的文字更新信息，并实现即时分享。目前，微博也可以发布图片和分享视频。网民既可以作为受众，在微博上关注感兴趣的人，浏览感兴趣的内容，也可以作为信息的创造者，在微博上发布内容并将其分享给别人。微博最大的特点是发布信息便捷、信息传播速度快。企业可通过更新自己的微博向网友传播企业信息、商品信息，树立良好的企业形象和商品形象，每天更新内容与用户进行交流互动，或者发布用户感兴趣的话题，以此来达到营销的目的。

2.2 网络信息筛选

在网络信息"井喷"的时代，无效信息经常与有效信息混杂，因此，需要对网络信息进行筛选，以保证信息的质量。这就要求在筛选网络信息时遵循一定的标准，掌握网络信息筛选的步骤和基本方法。

2.2.1 网络信息筛选的作用

网络信息筛选是指对大量的网络信息材料进行筛选和判别，挑选出适合在网络上传播且能满足网络受众需求的内容，并进行分类，以在网络不同的栏目或频道中发布。网络信息筛选是网络编辑工作的重要环节，其作用主要体现在以下几个方面，如图2-10所示。

1. 满足网民的信息需求

网络信息传播的最终目的是要满足网民的需求，因此，了解网民需求是进行网络信息筛选的基础。网络编辑在进行网络信息筛选时，除了要对一般网民的需求有所了解之外，同时也要对网络所服务的特定受众群体的需求有清晰的把握，以便提供能满足网民需求的信息。

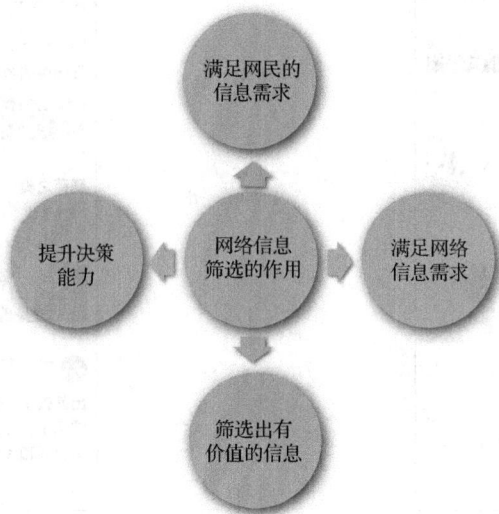

图2-10　网络信息筛选的作用

📖 **知识链接**

　　互联网已成为多数网民首选的信息获取渠道。网络上虚假、不良信息的泛滥与人们对真实、健康信息的需求相矛盾，这就需要网络编辑人员能够从网络信息中筛选出有价值的信息，将其呈现给网民。

2．满足网络信息需求

　　网络平台提供的内容可以体现其定位，不同网络平台的定位不同，提供的网络信息内容和服务也不同。以下是一些知名网络平台的定位。

　　新华网：专业新闻门户网站。

　　新浪网：主流门户网站，服务的人群是喜欢看网络新闻的人。

　　淘宝网：专业的电子商务网站。通过该平台，用户可以轻松搜索、浏览和购买各类商品，并与卖家进行沟通交流。

　　抖音：面向用户的短视频娱乐和社交平台。通过抖音App，用户可以分享自己的生活，同时也可以在这里认识更多朋友，了解各种奇闻趣事。

　　微信：手机端运行的即时通信软件。使用微信可以给好友发送各种静态或动态表情包、语音、文字等。

3．筛选出有价值的信息

　　在网络中寻找和浏览信息时，不可避免地会遇到过时、残缺、虚假或来源不可靠的信息。因此，网络编辑需要从众多的网络信息中筛选出有价值的内容，并将其进行分门别类的整理和存放，以供使用。

4．提升决策能力

　　通过网络信息筛选，网络编辑可以获取到更全面、准确的信息，及时了解新的知识和趋势，提升决策的质量和效果。

2.2.2　网络信息筛选的标准

下面将重点对网络信息筛选的标准进行介绍。网络信息筛选的标准包括价值判断标准、社会评价标准以及网站自身标准，如图2-11所示。

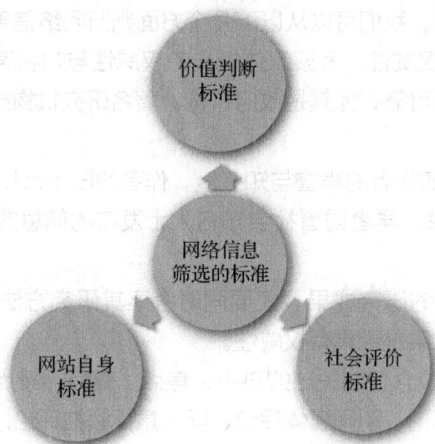

图2-11　网络信息筛选的标准

1.　价值判断标准

（1）网络信息的真实性。网络信息的真实性是指信息中涉及的事物是客观存在的，同时网络信息的各个要素都是真实的。我们可以从以下几个方面判断网络信息的真实性。

① 查明网络信息的来源，可靠的新闻机构、权威网站或官方发布的消息通常是可信的。如果网络信息的来源不明确或不权威，就需要进一步核实，并对网络信息提供者的身份、背景等因素进行考察，判断网络信息是否真实。

② 判断网络信息要素是否齐全，如事件发生的时间、地点、人物、原因、过程等。这些要素不仅能让用户获得必要的网络信息，在必要的时候，也可以用来与事实进行核对。对网络信息中的引语、背景资料等也要进行考察，以证明其真实性。

③ 判断网络信息内容的准确性。仔细阅读和分析网络信息的内容。虚假信息常包含夸张、不合理或无根据的说法。如果信息过于感情化或者声称有绝对的答案，就需要保持怀疑态度。

④ 查证事实。利用搜索引擎、事实检验网站或其他可靠的资源，验证涉及的事实和数据。事实检验网站专门用于核实和辟谣虚假信息，可以帮助网络编辑辨别真伪。对于涉及图片或视频的信息，可以使用反向图像搜索工具来查找其来源和其他相似图片的出处。同时，注意观察图片或视频中的瑕疵、不协调之处，以及编辑痕迹等。

素养提升

近年来，一些人员假借社会热点事件编造、传播网络谣言，有的甚至公然在网上自编自导自演、无中生有炮制虚假案件，以此吸粉引流、非法牟利；一些网站落实网络安全主体责任不到位，放任网络谣言在其所属平台大量传播、扩散，造成了恶劣的社会影响。

根据《中华人民共和国刑法》第291条之一第二款的规定："编造虚假的险情、疫情、灾情、警情，在信息网络或者其他媒体上传播，或者明知是上述虚假信息，故意在信息网络或者其他媒体上传播，严重扰乱社会秩序的，处三年以下有期徒刑、拘役或者管制；造成严重后果的，处三年以上七年以下有期徒刑。"

网络不是法外之地，维护网络空间秩序是广大网民的共同责任，发布谣言信息触犯法律须付出代价。网民在发布信息前，一定要进行考证，核实信息的真实性，不能制造和传播虚假信息。这条法律对遏制网络虚假信息的产生和传播会产生有力的作用。

（2）网络信息的权威性。网络信息的权威性是保证信息质量的一个重要方面，也是逐步提高网站知名度与影响力的一个重要方面。我们可以从以下几个方面判断网络信息的权威性。

① 查看信息来源是否具有权威性，考察媒体机构的权威性与知名度。一般来说，权威机构或者知名机构发布的信息在质量上比较可靠，尤其是政府机构、著名研究机构或大学发布的文献信息在可信度上是比较高的。

② 查看稿件作者的情况，如作者的声誉与知名度，作者的E-mail、地址、电话，能否与作者取得联系等。通常某领域的著名专家、学者或者社会知名人士发布的信息的可信度较高，更能赢得用户的信任。

③ 对于一些涉及重大问题的研究成果，还要同时考察其研究方法是否科学，研究是否具有代表性、普遍性等，以此判断研究成果是否具有权威性。

④ 对于重大问题，尤其是公众普遍关注的热点、焦点、难点、疑点问题，还应在第一时间进行权威评论，其具体形态包括官方评论、新闻媒体评论、网上意见领袖评论以及网上跟帖评论等。

（3）网络信息的时效性。网络信息的时效性是指网络信息的新旧程度，即与社会现实、科技前沿的接近程度。时效性是新闻的根本要求和重要特征，失去了时效性，新闻也就失去了吸引力，甚至丧失了价值。在网络信息时效性的判断方面要注意以下几种情况。

① 信息中涉及的事实本身的发生或变动是突发性的或者跃进性的。对于这类事实，在第一时间里做的报道就具有很强的时效性。

② 事实本身的变化是渐进的，即表现为一个过程，如一个活动的开展、一种现象的发展等。对于这类事实，时效性似乎表现得不强烈。但如果能想办法在事实变动中找到一个最新、最近的时间点，就可以体现时效性。

③ 有些信息所涉及的事件虽然是过去发生的，但最近才被发现或披露出来，那么这类信息可以通过使用"新闻由头"的办法来体现时效性，即说明自己得到信息的最新时间和来源。

📖 知识链接

在重大事件发生后，网络媒体对于消除人们的疑虑、维持社会稳定具有重要作用，这时新闻的时效性就可发挥重要的作用。例如，2023年日本核污水排海事件发生之后，我国各地发生了"抢盐"风波，盐价上涨的谣言到处蔓延，一时间超市货架上的盐被抢购一空，还有不良用心者借此机会囤积食盐，想谋取巨额利益。这时，新闻媒体及时把我国食盐储备充足、产能稳定的信息发布出去，有效地制止了这一事件的恶化，维持了社会的稳定。

2. 社会评价标准

网络信息的社会评价标准包括对政治、法律、道德等各方面可能产生的社会效果的评价，其中主要包括以下几点。

（1）政治规范。政治规范即要求网络编辑所选取的稿件内容应与我国的大政方针一致，坚持以团结、稳定、鼓励、正面宣传为主的方针。网络编辑需要在把关过程中具备高度的思想政治觉悟和基本的党性觉悟，要对党和国家的路线方针政策进行了解并坚决贯彻；在把关时客观、一分为二地看待问题，对问题进行正确的观察与思考，使自身所在网络平台成为与民众交流、与社会交流的正能量媒体。

（2）法律规范。网络编辑只有遵守网络信息发布的相关法律法规，如《中华人民共和国著作权法》《中华人民共和国著作权法实施条例》《互联网信息服务管理办法》《互联网电子公告服务管理规定》《网络出版服务管理规定》《互联网新闻信息服务管理规定》《互联网视听节目服务管理规定》等，选稿时才能保持正确的方向，不会无章可循。

（3）道德规范。道德规范即要求网络编辑在选稿时遵守人们日常的基本道德规范。网络编辑在进行信息筛选把关时要善于分辨虚假信息，不发布虚假信息和不良信息，不断增强自身社会责任感，提高信息甄别能力。此外，网络编辑更要遵循真实、客观的原则，不得随意捏造或更改信息，要将最基本的事实呈现给受众。

3．网站自身标准

除了遵循网络信息的价值判断标准、社会评价标准外，在筛选文稿时，网络编辑还需要遵守网站自身制定的标准。

2.2.3　网络信息筛选的步骤

网络信息的筛选一般要经过初选、精选、更新3个步骤，如图2-12所示。

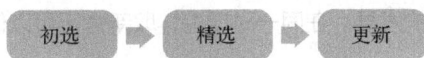

初选　➡　精选　➡　更新

图2-12　网络信息筛选的步骤

1．初选

网络编辑按照信息筛选的价值判断标准对稿件质量和内容进行初步的筛选，从中挑选出可用的稿件。

2．精选

网络编辑可对稿件做进一步的精选，重点是对每篇稿件的内容、价值、文字等各方面进行认真的考察，以保证稿件的内容真实、准确且具有权威性、时效性，格式清晰、合理，符合网络平台传播的要求。在精选阶段，稿件一般根据价值大小分为不同的级别，然后根据各个频道的需求分别上传到各个频道，通常将重要信息放置在首页等醒目位置进行传播。有的网络平台还要求编辑进一步审核精选的稿件，稿件审核通过后才可上网传播。

3．更新

网络信息积累到一定程度会非常庞杂且重复，这就需要网络编辑对已经发布的信息进行再次选择，如需要对网络信息进行滚动更新等。同时，网络信息时效性的要求会导致一些错误或虚假的信息出现在网络平台上，这就需要网络编辑及时进行更正处理，这也是网络编辑对信息的又一次筛选。

2.2.4　网络信息筛选的基本方法

网络信息筛选是本着由粗及细的原则对获取的大量网络信息进行选用的过程。常见的网络信息筛选方法有查重法、时序法、类比法、专家评估法等，如图2-13所示。

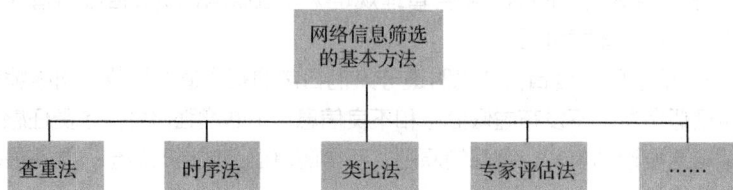

2-2　网络信息筛选的基本方法

图2-13　网络信息筛选的基本方法

1．查重法

查重法是筛选网络信息最简便的方法之一，查询当前信息与网络平台以前发布的信息是否重合，剔除重复信息，筛选出有用的信息，避免出现老生常谈的话题。

2．时序法

时序法即逐一分析按时间顺序排列的信息，通过按照时间顺序展示事件、过程或发展的顺序，帮助用户更清晰地理解和跟进事件的发展。在同一时期内，取新舍旧可以使信息在时效上更有价值。

3．类比法

类比法是将同类型的信息进行比较，哪个信息量大，哪个更能反映事物的本质问题，哪个更适合网络平台需要，则保留下来；反之，则剔除。这种方法要求网络编辑人员有比较扎实的专业知识和经验。

4．专家评估法

针对难以取舍、专业性强、技术难度大的网络信息，需要请专家进行求证和评估，以便确定是否留用。利用专家的经验和主观判断，对过去发生的事情进行分析。

2.3　网络信息归类

网络信息归类是指根据网络平台的内容属性、受众和其他特征，将网络信息分门别类地归入既定频道、栏目中，从而便于用户的阅读和网络平台的内容管理。

2.3.1　网络平台常见的结构

网络平台的结构是指网络信息组织的基本框架和层次，显示了网络平台各个网页之间的逻辑关系。网络信息必须以合理的结构被有效地组织起来。网络平台常见的结构有线状结构、树状结构、网状结构，如图2-14所示。

2-3　网络平台常见的结构

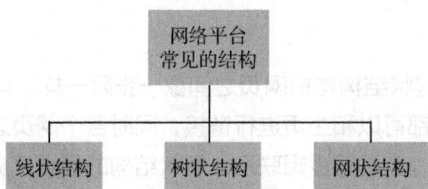

图2-14　网络平台常见的结构

1．线状结构

线状结构是网络平台最简单的结构之一，一般分为单向线状和双向环状两种。它是以某种顺序组织的，可以是时间顺序，也可以是逻辑顺序甚至是字母顺序，通过这些顺序呈线状地链接。例如，一般的索引就采用了线状结构。在这种结构中，网页一层一层链接起来，步步深入，逻辑清晰，但是网页之间不能自由跳转。线状结构如图2-15所示。

图2-15　线状结构

线状结构一般用于信息量较少的小型网络平台、索引站点，或用来组织网络平台中的一部分内容。对于信息内容较多的网络平台，采用这种结构就显得层次太深、结构过于单薄。在设计网络平台的总体结构时，一般不采用线状结构。

2．树状结构

树状结构如图2-16所示。其结构组织方式为网络平台之下设若干频道，频道之下设若干栏目，栏目之下设若干子栏目，子栏目之下才是一篇篇的稿件。稿件的归类就是将稿件最终列入某一个或某几个子栏目中。频道、栏目、子栏目只表示不同的层级，目的在于对网络信息进行分类。

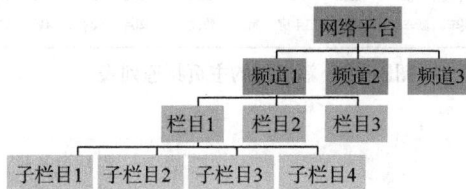

图2-16　树状结构

树状结构是组织复杂信息的最好结构之一，可用清晰的层级结构来展示层级信息，也是目前网络平台所采用的主要结构之一。其优点是条理清晰，用户可以根据路径清楚地知道自己所在板块的位置；缺点是层次太多，会降低用户的浏览效率，使用户产生厌烦情绪，所以层次最多不应超过四级。

搜索引擎喜欢的网络结构是树状结构，树状结构符合人们对知识的归类习惯。示例如下。

图书馆的阅览室分为：自然科学阅览室、人文科学阅览室、报刊阅览室。

这几个阅览室内的书架又分为几个类别。

自然科学阅览室：数学、物理、化学……

人文科学阅览室：哲学、诗歌、小说……

报刊阅览室：综合性期刊、专业性期刊……

每个书架又可再进行详细划分，如数学有高等数学、基础数学等类别。

3. 网状结构

网状结构如图2-17所示。网状结构是指网页之间像一张网一样，可以互相链接、随意跳转。网络结构中有一个主页，所有的网页都可以和主页进行链接，同时各个网页之间也是相互链接的。网页之间没有明显的结构，而是靠网页的内容进行逻辑联系。网状结构的优点是浏览方便，用户随时可以到达自己喜欢的页面；缺点是链接太多，用户容易迷失方向，很难快速找到所需要的信息。

网络平台开发者总希望浏览者既可以方便、快速地到达自己需要的页面，又可以清晰地知道自己所在的位置。在实际的网络平台设计中，总是将树状结构和网状结构混合起来使用。

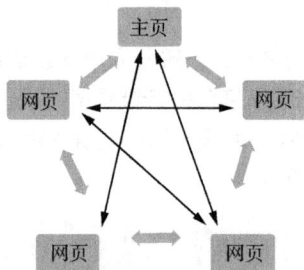

图2-17　网状结构

新浪网的主页是整个网站的核心，其上方陈列着很多个频道，如图2-18所示，用户可以由此通往该网站的任何一个频道。新浪网的总体结构为树状结构，首页中的多个频道为每个领域的信息进一步扩展、延伸，增加了信息量。各类信息有序地排列在一起，用户可以沿着指定的路径迅速找到所需要的信息。同时，各频道内部、各栏目之间、各网页之间又形成网状结构，可以自由链接。访问者可以自由选择浏览信息，而不必为寻找信息而层层浏览。

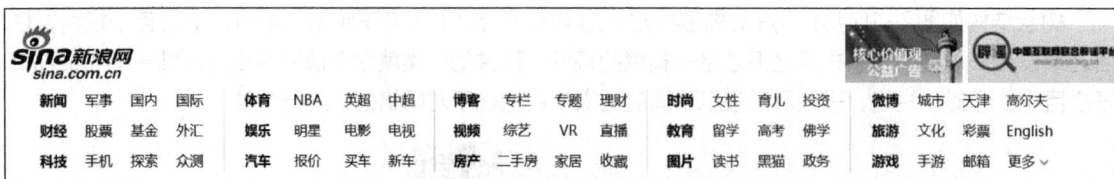

图2-18　新浪网的主页频道列表

📖 **知识链接**

网状结构由树状结构发展而来，树状结构网络平台的大量页面之间相互链接就形成了网状结构。这种结构允许用户从一个栏目跳转到另一个栏目中，其目的就是充分利用网络资源和充分享受超链接。整个互联网就是一个超级大的"网"状结构。

2.3.2　确定网络信息主题

在经过网络信息的筛选和整理之后，接下来就要涉及网络信息的归类问题了。要对网络信息进行正确的归类，就需要明确网络信息的主题。确定网络信息的主题一般借助于关键词。关键词判断得准确，不仅有助于网络信息分类，而且有助于对文章添加相关稿件的链接。

在搜索引擎中检索信息都是通过输入关键词来实现的，因此关键词的选择是检索信息中很关键的一步。一篇文章可以有多个关键词，选择的关键词不同，稿件的类别也可能不同。在确定关键词时，需要考虑到以下因素。

（1）寻找文中多次出现的词。

（2）注意文章的标题、摘要、层次标题和正文的重要段落。因为标题、摘要、层次标题和正文的重要段落隐含着关键的信息。

（3）关键词必须与网站内容相关。网站需要的不只是流量，更是有效流量，即可以带来订单的流量。

（4）在确定关键词时，还要注意以下问题。

● 有时可根据人物的知名度及影响来选择关键词。

● 关键词的选取尽量依据用户的关注点。

● 从网站用户的需求、兴趣关注点的角度出发，尽量将文章列入大多数人认同的类别中。

● 参考网站的搜索功能。如果网站有站内搜索功能，可以通过研究用户输入的关键词列表来查看缺少什么词。

如果稿件中设置了几个方向的关键词，这几个关键词对应不同的类别，那么可以将稿件归到一个主要类别或多个类别中，具体操作应以网站的规定为准。

2.3.3　对网络信息进行归类操作

网络信息归类有不同的角度和标准，下面以新华网为例进行说明。新华网的频道如图2-19所示。

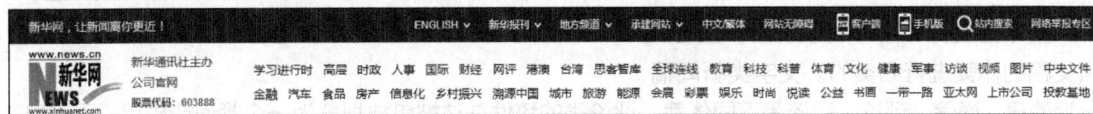

图2-19　新华网的频道

1．按内容进行归类

新华网首页的频道主要由学习进行时、高层、时政、人事、国际、财经、网评、港澳、台湾、军事、金融、食品、房产、信息化等组成。这些均是以内容为指标进行栏目划分和稿件归类的，几乎所有的网站都采用这种方式。

2．按地域进行归类

新华网设有30多个地方频道，包括各省、自治区、直辖市及长三角等频道。地方频道中的稿件大都是由地方媒体或地方频道记者提供的。按稿件及作者来源，或稿件中所涉及事件发生的地域进行归类也是网络文稿归类的一种常用方式。

3．按信息形式进行归类

新华网设有"视频""图片"等频道，这是按照信息形式归类的。从信息形式看，网站信息分文字、图像、动画、视频、音频等类型。目前看来，文字仍然是网站信息的主要形式，视频和图像是辅助的信息形式。可以把图像、音频、视频等形式的稿件放入相关的栏目中，也可以把它们与文字搭配使用，按内容性质归入不同的栏目中。

4．按时效性进行归类

新华网"时政"频道中的"时政播报"、"国际"频道中的"最新播报"等栏目是从时效性的角度对网络文稿进行归类的。这种归类方式充分考虑到了用户对文稿时效性的关注。

5．按重要性进行归类

为了突出重要的稿件，新华网设置了"要闻聚焦"等栏目及板块，并在其中按照稿件的重要程度归类，推介一些重要新闻。频道的先后顺序和栏目的前后排列体现了稿件的重要程度，单设相关栏目无疑再次提醒受众关注该栏目及内容。根据时效性和重要性进行稿件归类时，还应将这些稿件归入其内容性质所属的栏目中。图2-20所示为新华网"要闻聚焦"栏目，此页面就是按照时效性和重要性对稿件进行归类的。

要闻聚焦	时政 / 财经 / 国际

- 2023年全国少数民族参观团活动:心手相牵 团结奋进
- 公安部公布多起打击制售假劣食品犯罪典型案例
- 市场监管总局通报燃气用相关产品质量监督抽查结果
- 前8月中央企业战略性新兴产业投资同比增长约三成
- 数字技术回溯五千年 良渚古城遗址公园推出新玩法
- 每年8万人左右! 数字技术工程师培育项目加快推进

图2-20　新华网"要闻聚焦"栏目

6．按文稿体裁进行归类

新华网设有"网评"等频道，这是按照文稿的体裁进行归类的。文字类新闻稿分为消息、通信、评论、访谈等不同体裁，评论类的稿件往往被单独划分为一个频道或栏目，而消息、通信等类型的稿件则直接归到"时政""财经""国际"等频道中。

7．按稿件作者进行归类

新华网设有"思客智库""全球连线"等频道，这是按照稿件作者的不同进行栏目划分和稿件归类的。按稿件的作者对稿件进行归类，可满足受众对不同个性作者、不同风格作品的需求。

除了上面提到的几种归类方法之外，还可以根据稿件中涉及的主要人物及其代表的社会阶层和群体，把文稿归入相应的栏目中。有时网站为了强调其独创的内容，会将自己网站独创的内容作为频道或栏目列出来。

2.4　任务实训

2.4.1　网络信息的采集

【实训目标】

（1）确定网站及栏目信息主题。

（2）选择合适的网络信息采集工具。

（3）分析网络信息采集渠道。

【实训内容】

本次任务主要是通过选择合适的网络信息采集工具采集网络信息，然后分析网络信息采集渠道，最后结合本章知识体系，完成表格。

（1）确定网站及栏目信息主题。自主选择4个不同企业的网站，浏览网站内容，分析不同企业的网站在主要栏目、主要功能、网站风格、目标用户及定位等方面的异同点，对比分析各自优势，填写表2-1所示的网站信息表。

表2-1　网站信息表

公司名称	网站主要栏目	网站主要功能	网站风格	目标用户及定位

（2）选取2～3个常用的搜索引擎，对比它们的功能和特色，尝试其每一个功能，并与同学交流使用搜索引擎的心得和技巧，解决表2-2所示的网络信息收集总结表中的问题。

表2-2　网络信息收集总结表

问题	解决方法
如何查找各种文档（如 DOC 文档、PDF 文档）	
如何查找图像、视频等类型的信息	
如何查找政府文件、政策法规信息	
如何查找有关商品的科技开发动态、发明专利等信息	

（3）网络信息采集渠道分析。老师指定某网站下某栏目的信息内容，任意挑选4篇稿件，学生收集相关内容，分析其信息来源、发布时间、作者等情况，完成表2-3所示的网络信息采集渠道分析。

表2-3　网络信息采集渠道分析

网站栏目	主要内容	来源渠道分析	备注

2.4.2　网络信息归类

【实训目标】

（1）学会分析、归纳网站常见的结构。

（2）掌握对网络信息进行归类的基本操作。

【实训内容】

1. 选取若干个不同类型的网站（如政府网站、企业网站、电子商务网站、门户网站、行业网站等），归纳出网站的基本结构，分析每个网站的频道的基本构成和划分方式，并回答下列问题。

（1）不同类型网站的频道设置情况有何区别？

（2）相同类型网站的频道设置情况有何异同？

（3）门户网站的频道设置采用了哪些划分方式？

（4）行业网站的频道设置采用了哪些划分方式？

2. 登录新浪网、搜狐网等门户网站和新华网、人民网等传统媒体建立的网站，选取其某一天的首页新闻，分析各自的归类方式；同时，选取某一相似栏目，分析其在信息选取上的差别。

（1）门户网站和传统媒体建立的网站对首页新闻的选取有何不同？

（2）对于同样内容的信息，不同网站的归类方式有何异同？

（3）在上述网站中用到的网络稿件归类标准有哪些？

2.5　知识巩固训练

1. 名词解释

网络信息　　　搜索引擎

2. 单项选择题

（1）按照（　　），可把网络信息划分为文字信息、图像信息、图表信息、动画信息、音频信息和视频信息6种类型。

A. 信息本身存在的形式　　　　　　　　B. 信息交流方式

C. 信息加工层次　　　　　　　　　　　D. 信息的内容属性

（2）（　　）凭借着自己不同于传统媒体的特有优势，为新闻网站提供更多元、更丰富、更吸引人、更新、更快的信息。

A. 自媒体　　　　　　　　　　　　　　B. 传统媒体

C. 政府官方　　　　　　　　　　　　　D. 受众渠道

（3）（　　）是通过人工方式或半自动方式搜集信息，经由编辑人员查看信息之后，人工形成信息摘要，并将信息摘要置于事先确定的分类框架中。

A. 全文搜索引擎　　　　　　　　　　　B. 垂直搜索引擎

C. 搜索引擎　　　　　　　　　　　　　D. 目录搜索引擎

3. 多项选择题

（1）有关商品的科技开发动态、发明专利，商品的新材料、新工艺、新技术等信息，可以从下面的（　　）渠道获得。

A. 科技部门　　　　　B. 专业会议　　　　　C. 大众传播媒体　　　　D. 消费调查

（2）新闻稿件常见的采集渠道包括（　　）。

A. 传统媒体渠道　　　B. 政府官方渠道　　　C. 自媒体渠道　　　　　D. 受众渠道

（3）可以从（　　）方面判断网络信息的真实性。

A. 查明网络信息的来源　　　　　　　　B. 判断网络信息要素是否齐全

C. 判断网络信息内容的准确性　　　　　D. 查证事实

4. 思考题

（1）常用的网络信息采集工具有哪些？

（2）网络信息的社会评价标准包括哪些方面？

（3）可以从哪几个方面判断网络信息的权威性？

（4）网络信息筛选的步骤有哪些？

第 **3** 章

网络内容编辑

学习目标

知识目标	☑	熟悉网络稿件标题的构成和制作原则。
	☑	熟悉内容提要的撰写原则。
	☑	熟悉超链接的定义和分类。
技能目标	☑	掌握网络稿件标题的制作技巧。
	☑	掌握内容提要的写作技巧。
	☑	掌握网络内容的创意方法。
	☑	掌握网络正文的创作方法。
素养目标	☑	严禁各类夸张、断章取义的"标题党"行为。

在新媒体时代，一个好的网络稿件标题有利于稿件更广泛地传播。尤其对新媒体平台来说，用户先看到的是标题，内容再精彩，标题不能打动人，也难以让人产生阅读的欲望，再好的内容也无法传播。

网络稿件标题的制作有一些讲究，不能做"标题党"，也不能没有特色。网络稿件标题如果制作得好，则更能调动网民的阅读兴趣，网络稿件也就更有传播力。下面是一篇文稿的标题。

三十一位同窗友　二十五年祁连月

访北京地质学院的一批老大学生

这篇新闻报道写的是北京地质学院石油专业的三十一位同届同学毕业后一起在大西北工作了二十五年，标题应该把重点放在这个上面。作者写的原主标题是"二十五年祁连月"这句话。编辑感到原稿的主标题太虚，而且没有把这篇文稿最有新意、最精彩的内容表现出来。因此，经过斟酌，编辑把文稿的主标题改为"三十一位同窗友 二十五年祁连月"，副标题仍是"访北京地质学院的一批老大学生"。这样，有主标题有副标题，有虚有实有新意，而且内容完整，把新闻的精华处提纲挈领地表现出来了。

网络稿件标题的制作并不是对新闻内容的简单再现，而是一门综合艺术，有着一定的技巧和方法。它既包括对网络文稿所包含的信息内容的简单提炼和概括，还包括对标题的编排和美化。

那么，网络稿件标题的制作技巧有哪些呢？内容提要的写作技巧有哪些呢？网络内容的创意方法是怎样的？如何进行网络内容的创作和编辑？如何运用超链接？本章就来回答这些问题。

思考：

1. 你所了解的网络编辑是怎样的？
2. 网络编辑的就业前景是怎样的？

文字内容是网络基础信息，目前在网络内容的形式中，占比依然很大。本章主要对网络内容的编辑进行讲解。首先介绍网络稿件标题的构成、制作原则、类型、制作技巧等；随后对内容提要制作、网络内容的创意方法、网络正文的创作进行介绍；最后对超链接的运用进行介绍。

3.1　网络稿件标题制作

要想写好网络内容，就要先写好网络稿件标题。网络稿件标题的好坏是决定网络内容能否在第一时间吸引用户注意力的关键。好的网络稿件标题是网络信息必备的要素，它不但可以吸引用户的注意力，还能增加网络平台的流量。

浏览新浪网、新华网的头条新闻，分析网络稿件标题的构成有哪些，网络稿件标题的类型有哪些。

3.1.1　网络稿件标题的构成

3-1　网络稿件
标题的构成

一般来说，网络稿件的标题由以下几种要素构成。

1．主标题

主标题是标题中最主要的部分，用于揭示稿件内容中最重要的信息和概括稿件的中心思想。主标题能够完整地表达一个意思或概念，一般在标题中字号最大，位置也最显著，以吸引用户的注意力。主标题已成为网络稿件标题最主要的存在形式。可以说，没有主标题的支撑，就没有网络稿件标题的存在。图3-1所示为网络新闻的主标题。

郑思维/黄雅琼成功卫冕亚运会混双冠军

发布时间：2023年10月07日15:05　来源：人民日报客户端

图3-1　网络新闻的主标题

2．副标题

副标题一般位于主标题的后面，作用是对主标题所描述的内容做进一步的解释，明确并且完善自己想表达的内容。副标题是主标题的补充，或对主标题中新闻事件的重要意义、原因、影响进行强调。图3-2所示为主标题下方的副标题。

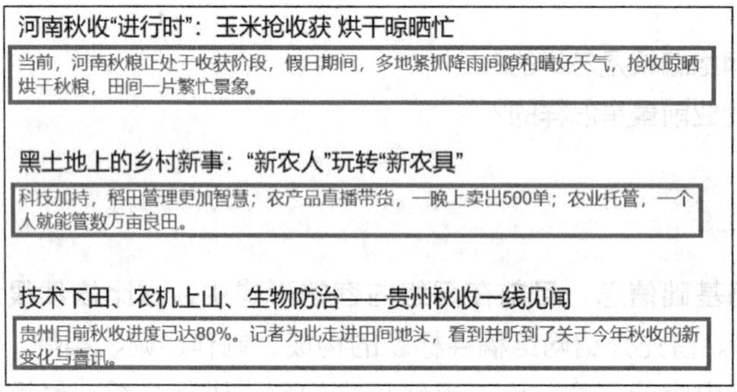

河南秋收"进行时"：玉米抢收获 烘干晾晒忙

当前，河南秋粮正处于收获阶段，假日期间，多地紧抓降雨间隙和晴好天气，抢收晾晒烘干秋粮，田间一片繁忙景象。

黑土地上的乡村新事："新农人"玩转"新农具"

科技加持，稻田管理更加智慧；农产品直播带货，一晚上卖出500单；农业托管，一个人就能管数万亩良田。

技术下田、农机上山、生物防治——贵州秋收一线见闻

贵州目前秋收进度已达80%。记者为此走进田间地头，看到并听到了关于今年秋收的新变化与喜讯。

图3-2　主标题下方的副标题

3．小标题

当网络稿件所反映的事实比较复杂，由几个方面构成或稿件事实的发展可以划分为几个明显的阶段时，往往就需要使用小标题。小标题在网络专题中运用得比较多。

4．准导语

准导语是指位于主标题之后的一段文字，它一般以一段较为具体的话对标题做出解释或提纲挈领地概括稿件的主要事实、做法、经验或问题等，其作用类似于消息的导语。这段文字与主标题同时出现在网站的主页面或频道的主页面中，其内容有时与网络稿件正文的导语相同，有时又有所不同，故称其为准导语。由于页面显示的限制，准导语不宜过多，以免占用太多的页面空间，影响网络信息的发布。

5．题图

网络稿件标题的题图主要包括照片、图表、漫画、动画等几种形式。题图的作用在于解释标题，引起网民注意，引导网民阅读。题图运用得好，能够美化页面，还能够缓解网民的视觉疲劳。图3-3所示为网络稿件标题中的题图。

图3-3 网络稿件标题中的题图

3.1.2 网络稿件标题的制作原则

网络稿件标题的制作在内容上可以千变万化，在形式上可以多种多样，但网络稿件标题的制作原则是没有太大变化的。网络编辑人员在拟定网络稿件标题时，需要遵循以下基本的制作原则。

1．题文一致原则

题文一致是指网络稿件标题与网络稿件内容相一致，这是制作网络稿件标题的基本要求。题文一致主要包含两层意思：一是网络稿件标题的基本内容要和稿件正文内容完全一致，既不可虚构，也不能添油加醋；二是网络稿件标题一定要以事实为基础，不可片面、夸张和拔高。只有表达真实，网络稿件标题才能得到网民的信任，并与网民建立真正牢固的关系。

2．通俗易懂原则

网络稿件标题的制作要追求通俗易懂的表达方式，尽可能降低网民的阅读门槛。对普通网民来说，通俗易懂的标题才是最能让人接受的。网络稿件标题需要让网民容易接受，网民只有接受了，才有可能进一步查看并接受网络文稿的具体内容。例如，新闻标题"中秋国庆假期最挤城市排行榜"就属于通俗易懂的网络稿件标题。

3．突出亮点原则

突出亮点是指在网络稿件标题中凸显稿件的重要内容和中心思想。一般说来，亮点包括：最新、最重要、最显著的内容，广大网民所不知晓的内容，新异、反常的内容，与广大网民关系密切的内容，在社会上已经产生重大影响的内容，事态正在发展将产生广泛和深远影响的内容，广大网民具有共同兴趣的内容，具有典型意义的内容等。例如，新闻标题"亚运花样游泳每队上场几人？"就突出了广大网民所不知晓的内容，遵循了突出亮点原则。

4．情感原则

情感的存在使人们的生活丰富多彩。在网络虚拟化的时代，真实、温暖的情感更容易使网民心灵触动。统计数据显示，情感类文章在网络中的传播率要高于其他类型的文章。网络稿件标题如果能突出情感，将主题用合理的情感表达出来，带给网民温暖，就很容易得到关注，带来较大的流量。例如，"最浪漫的事就是和你一起慢慢变老"这个标题就遵循了情感原则。

5．精准原则

精准是指网络稿件标题表意和评价要精准。表意精准要求网络稿件标题要忠于事实，准确地概括事实。评价精准要求网络稿件标题对稿件内容的评述和论断要准确，要把握分寸和尺度，要源于稿件本身的内容和事实，切不可借题发挥。

网络编辑人员从中提炼出能够精准表现网络主题的信息，将其组合成标题，给予网民最直观的内容感受，并吸引网民的注意力。例如，"某某连衣裙如何做到月销10万件"这个标题能够向网民展示精准的信息量——月销10万件。

6．具体原则

具体是指在网络稿件涉及的多个事实信息中，只选取其中一个或几个重点事实信息放在网络稿件标题中加以强调。要使网络稿件标题具体化，应多用名词和动词，少用形容词和副词，应言之有物，有内容，切忌空泛。例如，"比亚迪9月销售287454辆汽车"这个标题就遵循了具体原则。

7．创意生动原则

有创意的标题主要体现在标题立意、角度、语言的新颖等方面。网民常常喜欢生动形象的网络稿件标题，因为这样的标题具有直接性和可感性，可将稿件中的事实如同一幅幅画一样勾勒出来，使网民阅读时感同身受，自然印象深刻。例如，新闻标题"限购政策加码后，杭州楼市谁在笑谁在哭？"属于比较有创意、生动形象的网络稿件标题。

💡 素养提升

"标题党"通常是指以严重夸张或与发布内容极不相符的标题来吸引网友眼球，以达到骗取点击率、增加网站浏览量、激发网民购买欲望等目的。

对经济利益的追求是媒体存在和发展的意义之一。与传统媒体相同，网络媒体同样追求经济利益，不同的是，网络媒体的经济来源主要依靠广告赞助及网民消费。与平面媒体的销量、电视媒体的收视率相似，点击率在一定程度上体现着网络媒体的权威性和影响力。因而，制作能抓住网民兴趣点和好奇心、吸引网民去点击的标题就成为网络编辑的重要工作，"标题党"便出现了。

对电商网站而言，商品的标题作为用户检索后出现的最直接的信息，很大程度上影响着用户是否想要深入了解以及选择购买该商品。有人直言，"购物90%都是冲动的，噱头永远是必要的，标题永远是第一位的"。因此，一些从事电子商务运营的人员明确地宣称自己要做"标题党"。

《互联网新闻信息服务管理规定》明确指出，互联网新闻信息稿件标题的发布应当经过严格的审核校对程序，严禁各类夸张、猎奇、不合常理的内容表现手法等"标题党"行为，严禁通过各类具有暗示或者指向意义的页面编排、标题拼接等不当页面语言，传播错误导向。

3.1.3　网络稿件标题的类型

在制作网络稿件标题之前，网络编辑人员需要了解常见的网络稿件标题类型，并从中选择合适的标题类型。

1．颂扬式标题

颂扬式标题是指用正面、积极的态度，对商品或服务的特征、功能进行适度、合理的称赞，以突出商品或服务的优点。这类标题很容易给用户留下良好的印象，让用户了解商品或服务的优点。例如，"这款50元的护肤品堪称国货之光，用完皮肤光滑细腻如凝脂"这个标题直接称赞了商品的独特优势，给用户留下了深刻印象。

> 📖 **知识链接**
>
> 在制作颂扬式标题时要注意称赞的分寸，不能出现夸耀过度、虚假不真实的情况，避免造成用户的逆反心理，严重影响宣传效果。

2．提问式标题

提问式标题的目的是启发用户思考，通过提出问题引起用户的关注，从而促使用户对商品或服务产生兴趣，或者受到启发并产生共鸣。例如，"冬天怎么穿裙子才可以不冷还时尚？""为什么一到秋天，你的心情就会变差？"就属于提问式标题，其标题会引起用户的关注和思考，使用户产生点击阅读的冲动。提问式标题通常包含"为什么""如何""怎么办"等字样，具备问号的标题会促使用户在浏览标题时产生思考。

3．宣事式标题

宣事式标题是目前常用的一种网络稿件标题形式。其特点就是直观明了、实事求是，通过简明扼要的说明使人一目了然。这类标题的写法中规中矩，虽然创意不足，但胜在平实、自然。网络编辑人员在制作这种标题时，可以适当添加一些修饰性的或比较有新意的词语，以吸引用户的注意。

例如，"只需要关注公众号，你就能获得免费赠品"就属于宣事式标题。这种标题适用于线上促销、产品上新、福利发放等网络文章，可直接点明文章主题，让人一目了然。

4．新闻式标题

新闻式标题主要以报道事实为主，或者是直接告诉用户最近发生的有意义的事实，或者是介绍新上市的商品。其目的在于引起用户的注意，从而吸引他们继续阅读内容。例如，"鼓励引导高校毕业生到基层中小学幼儿园任教""拟统筹推进电信业务向民间资本开放"就属于新闻式标题。

5．诉求式标题

诉求式标题是使用劝勉、叮嘱、希望等语气撰写的标题，让用户快速采取相应的行动。例如，"请善待你身边帮助你的人，因为他们……""企业营销的方式变了，再不懂就晚了"就属于诉求式标题。

诉求式标题有以下3种方式。

一是主动地劝说或暗示用户思考或做某件事。

二是直接向用户说明所推荐商品的某种用途或使用方法，以获取用户的关心或引起用户的共鸣，达到刺激用户购买的目的。

三是直接列出具有利益性的词语，增强标题的感染力。

6. 对比式标题

对比式标题是通过内容前后对比，形成矛盾反差，具有趣味性或故事性，使用户感到好奇。有时通过对比，商家可以让自己的商品的性质、状态、特征更加鲜明突出。例如，某淘宝店铺主营的汽车保险杠的网络稿件标题"安装前后对比瞬间提升汽车档次，还在犹豫吗？"就是一种对比式标题。这种标题通过对比引出要宣传的商品，暗示用户购买这款商品可以提升汽车档次。

7. 恐吓式标题

恐吓式标题通过恐吓的手法来吸引用户注意。对内心有某种担忧的用户来说，这种恐吓式标题往往更容易引起他们的共鸣。采用这种标题可以有一定的夸张，但也应以事实为依据，不能扭曲事实，要通过陈述某一事实引导用户意识到可能面临的危险，从而让其产生一种危机感。

例如，"哪有什么天生油性皮肤，只不过是舍不得买台油烟机""新房甲醛重，别让新房变成毒气房"就属于恐吓式标题，这种标题会让用户感到忧虑，进而让用户对详细内容产生兴趣。

8. 悬念式标题

悬念式标题是指在标题中设置一个悬念，吸引用户的注意力，诱使用户产生追根究底的心理，使其在寻求答案的过程中不自觉地产生兴趣。好奇是人的本能，悬念式标题就是利用了用户的好奇心，激发其继续阅读下去。例如，"微信更新了新功能，快来看"就是悬念式标题，题目简洁、易懂，而且微信每次更新都能引发很多人的关注。

> 📖 **知识链接**
>
> 在选用悬念式标题时，网络编辑人员要将事实与悬念的线索相匹配，做到融会贯通。此外，标题事实一定要是最近发生的事情。悬念的设置要简明而单一，要把握好悬念的度，既不要使用太过"暴露"的话语来提示用户，也不要"隐藏"得太深，故弄玄虚。

3.1.4 网络稿件标题的制作技巧

网络稿件标题的制作不是简单地对稿件内容进行概括，而是一门综合艺术。网络稿件标题的制作要求网络编辑人员不仅要具备对文字进行加工修饰的能力与相关技巧，而且对标题的编排要游刃有余。

1. 标题内容的修饰

网络稿件标题应第一时间向用户展示文字中最有用和最有价值的信息，通过对标题内容的修饰，可使其脱离单纯的功能性的提示，从而变得更生动、更有趣味。

（1）借修辞语。借修辞语是指活用各种修辞手法，并以此作为网络稿件标题创作的源头，使标题"活"起来。例如，"麻雀虽小，五脏俱全，莫斯科独具魅力的跳蚤市场"这个标题中的"麻雀虽小，五脏俱全"这个成语就将莫斯科跳蚤市场的魅力与特点尽数表现出来。

（2）借名人。借名人是指利用名人（如权威专家、知名人士等）的影响力对网络文稿进行推广营销，以达到快速吸引用户的目的。这种类型的标题都比较简单，一般会含有名人的信息，如服装类的"某某名人同款"，或者化妆品类的"某某名人不老的密码"。

网络文稿标题可以借助名人来吸引用户的眼球，增加文稿的阅读率。如果所宣传的事物或者商品能和名人有联系，借助名人的噱头，会吸引不少用户的关注。因此，如果标题中涉及专业人士或名人的观点，那么可以将其姓名直接加入标题中。

（3）借热点。借热点是指借助最新的热门事件、新闻热点等，并以此作为网络稿件标题创作的源头，利用用户对社会热点的关注来引导他们关注文稿，从而提高点击率和转载率。热点包括世界杯、奥运会、热播电视剧和时事热点等。

网络编辑人员可以利用百度热搜榜、今日头条热榜等来关注最新的热点，并在撰写网络稿件标题时巧妙地借助这些热点。例如，某网络稿件标题"全球见证杭州亚运会高科技含量"就利用了2023年热点事件——杭州亚运会，如图3-4所示。

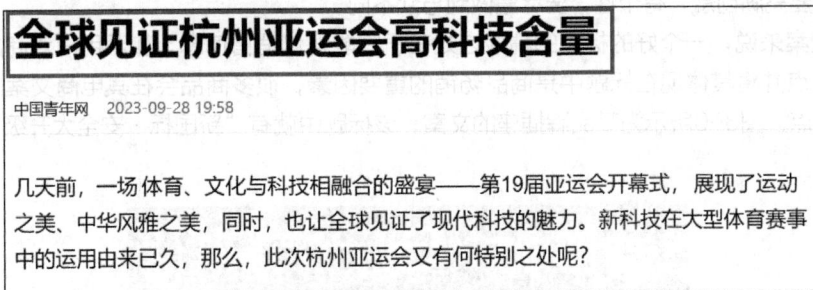

图3-4　借热点的网络稿件标题

（4）借神秘。大多数人都有探究事物的喜好，而且人类的求知本能也让大家更喜欢探索未知的秘密。因此，神秘的标题往往更能引发关注。例如，"1个可以帮你省掉30000块的文案""什么玩具是孩子永远玩不够的""死掉的创业公司几乎都违背了这4点最基本的经济常识"。

（5）借文化。网络编辑人员可以将诗词、典故、方言、戏曲等经典文化元素融入网络稿件标题中，以提升标题的文化内涵，带给用户高雅的感受，吸引用户关注。借文化的标题有"繁荣诗词文化，谱写当代华章""创新与传统齐飞，文化共时代一色""九万里风鹏正举，文创之责吾辈挑""尘雾之微补益山海，萤烛末光增辉日月""可上九天揽月，可下五洋捉鳖"等。

（6）借数字。借数字即将正文的重要数据或文章的思路架构整合到网络稿件标题中。数字化标题一方面可以利用引人注目的数据引起用户注意，另一方面可以有效提高阅读标题的效率。数字代表的是精确、权威、客观和专业，在网络稿件标题中加入数字不仅能很快让网络稿件在用户面前建立可信度，还能以一种丰满有力的、有冲击力的方式迅速且准确地抓住用户的注意力。

电商文案中充满了各种数字标题。例如，从"9.9元包邮"到"9.9元最后1小时"，从"1小时销售500件"到"全网销量50000件"，从"直降100元"到"立减60元"，几乎可以说"无数字，不文案"。

图3-5所示的就是借用数字的标题。该标题就是直接利用数字向用户展示促销活动的优惠条件"满199元减10元"。另外，文案中还有活动时间，认可该优惠条件的用户可能就会下单购买。

图3-5　借用数字的标题

（7）借个性。在网络内容同质化的时代，借用个性化的标题非常容易吸引用户的注意力。一个有个性的网络稿件标题要么是直接描述新事物，要么是将用户听过的事物以一种全新的方式来呈现。好的网络稿件标题要充满创意，有个性，要尽量做到与众不同。

对电商文案来说，一个好的标题的精妙之处在于它能强化销售信息，加深用户对商品的印象。寻找到恰当的卖点并将其体现在标题中是商品畅销的重要因素，很多商品会在其电商文案的标题中直接展示个性化卖点。图3-6所示为某品牌插座的文案，该标题中就有"新国标·安全大升级"这一个性化卖点。

图3-6　某品牌插座的文案

📖 知识链接

　　网络稿件标题过长会让网民失去阅读的兴趣，过短则不能将内容中的精华部分表达出来。根据日常的阅读习惯，网络稿件标题的字数最好控制在10～20个字，中间可以分成2个或3个部分，每个部分不超过10个字，但最好多于5个字。在制作电商标题时需要根据搜索引擎规则进行优化处理，每个搜索引擎都有自己的一组搜索规则。

2．标题的排版与美化

网络稿件标题的排版与美化主要包括以下几个方面。

（1）字体、字号的变化组合。不同字体和字号的变化组合能够给网络稿件标题带来或强烈或清新的页面效果。图3-7所示为在标题中采用不同字体和字号的效果。黑体、宋体、仿宋等字体都有截然不同的表达效果。

（2）有效运用色彩。不同颜色的网页可体现出网站不同的风格。目前，各大网站的新闻标题以黑色为主，也有一些网站通过色彩的对比突出标题，但是黑色和红色的对比会给人们的视觉带来非常强烈的刺激，因而要慎用。

（3）运用线条辅助。网络中的各种线条主要用来分类，以便于阅读。有的网页使用红色的线条标记各种类别，使网页的各个板块功能划分得更清晰，如图3-8所示。

图3-7　在标题中采用不同的字体和字号的效果

图3-8　运用线条辅助

3.2　内容提要制作

内容提要是对文章的主要内容进行概括的一种文字，它介于标题与正文之间。与标题相比，内容提要更详细，传达的要素更多；但与正文相比，它又要简短得多。

3.2.1　内容提要的概念

内容提要是对文章内容进行简要介绍的文字，可方便用户快速了解文章的主要内容，常置于正文的最前面或最后面。内容提要主要运用在以下场合。

（1）在导读页紧接标题出现。导读页包括网站的首页、频道的首页或栏目的首页等，这些导读页中出现的内容提要通常适用于重要的稿件。图3-9所示为在栏目首页出现的内容提要。

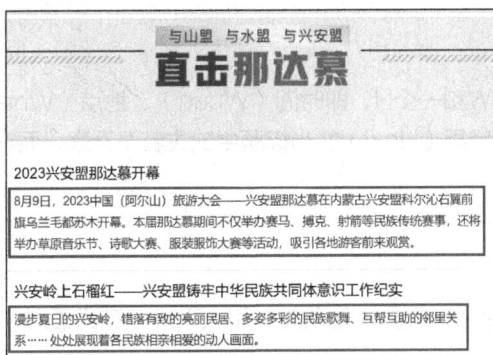

图3-9　在栏目首页出现的内容提要

（2）在正文中出现。这类内容提要通常在正文中的每一个段落前出现，可以提示该段落的主要内容。

（3）在正文页的标题后出现。这时，内容提要是作为标题和正文之间的过渡。图3-10所示为在正文页的标题后的内容提要。

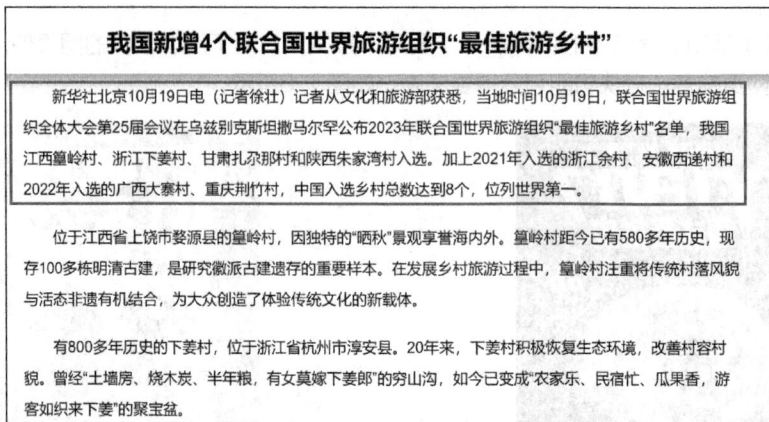

我国新增4个联合国世界旅游组织"最佳旅游乡村"

新华社北京10月19日电（记者徐壮）记者从文化和旅游部获悉，当地时间10月19日，联合国世界旅游组织全体大会第25届会议在乌兹别克斯坦撒马尔罕公布2023年联合国世界旅游组织"最佳旅游乡村"名单，我国江西篁岭村、浙江下姜村、甘肃扎尕那村和陕西朱家湾村入选。加上2021年入选的浙江余村、安徽西递村和2022年入选的广西大寨村、重庆荆竹村，中国入选乡村总数达到8个，位列世界第一。

位于江西省上饶市婺源县的篁岭村，因独特的"晒秋"景观享誉海内外。篁岭村距今已有580多年历史，现存100多栋明清古建，是研究徽派古建遗存的重要样本。在发展乡村旅游过程中，篁岭村注重将传统村落风貌与活态非遗有机结合，为大众创造了体验传统文化的新载体。

有800多年历史的下姜村，位于浙江省杭州市淳安县。20年来，下姜村积极恢复生态环境，改善村容村貌。曾经"土墙房、烧木炭、半年粮，有女莫嫁下姜郎"的穷山沟，如今已变成"农家乐、民宿忙、瓜果香，游客如织来下姜"的聚宝盆。

图3-10　在正文页的标题后的内容提要

3.2.2　内容提要的撰写原则

网络编辑需要在把握新闻全篇内容的基础上，认真地提炼、概括和挑选比较，进而拟出合适的内容提要，文辞应该尽量简短。在撰写内容提要时，网络编辑可以参考以下原则。

1．强调主要内容

内容提要和标题一样，都是为了提示和介绍文章中最重要的内容，这是它们共同的最主要的职能。

2．全面概括

全面概括是撰写内容提要最主要的方式之一。它的目标是用精练的语言，将稿件中的主要信息或观点概括出来，使用户可以更迅速地把握稿件的主要内容。对以传达新闻信息为主的稿件来说，要全面概括稿件的内容，就需要明确新闻的基本要素，将其中最重要的几个要素在内容提要中加以介绍。

3．补充缺少的要素

新闻的基本要素是指5个W和一个H，即时间（When）、地点（Where）、人物（Who）、事件（What）、原因（Why）、结果（How）。当标题中缺失若干元素，而它们又并非无足轻重时，内容提要应加以补充。

4．语言要生动

内容提要既要写得简明扼要，又要生动活泼、引人入胜，在词语润色、表达方法和章法结构上要尽可能体现文采。

内容提要由于可以突出、补充和支撑标题，可以有效地吸引用户阅读，改善网络新闻传播因标题和正文分离而处于弱势的情况，所以值得网络编辑重视。

3.2.3　内容提要的写作技巧

内容提要要做到简短、精悍，就必须反复修改，反复推敲。下面介绍内容提要的一些写作技巧。

1．一事一报法

一事一报法主要用于消息、特写，是动态消息取材的基本原则。这就意味着选材要精、要简。一条消息中如果罗列几件事情，势必冗长，失去短小的特点和优势。

2．浓缩事实法

即使一事一报，如果事无巨细悉数写来，也会显得啰唆冗长。这种写法要求对新闻事实进行高度浓缩，去掉水分，提取精华。

运用浓缩事实法，要注意准确性，不能把不同时间、不同地点、不同人物身上发生的事情浓缩到同一时间、同一地点、同一人物身上。换句话说，浓缩事实法是对事实的浓缩，不是概念化的抽象，不能让事实变形。

3．剖璞现玉法

新闻事实像一块璞玉。当一件复杂的事实中包含几个问题、几个方面，但最新鲜、最具有价值的往往只有一个时，网络编辑应当从众多事实中提取最重要、最珍贵的东西呈现给用户。

4．典型材料法

网络编辑应从众多新闻事实中选择最典型、最能说明问题的材料，力求取得以一当十的效果。

5．取其一角法

取其一角法是以部分反映整体，以个别反映一般的独特方法。

3.3　网络内容的创意方法

下面介绍常用的网络内容的创意方法，包括头脑风暴法、元素组合法、九宫格思考法、五步创意法。

3.3.1　头脑风暴法

头脑风暴法又称脑力激荡法，是由美国BBDO广告公司的亚历克斯·奥斯本（Alex Osborn）提出的一种开发创造能力的集体训练法。头脑风暴法的目的在于产生新观念或激发新创意，这种方法有利于打破常规思维，激发人的创新意识。在不受任何限制的情况下，集体讨论问题能激发人的想象力、热情及竞争意识。人人自由发言，相互影响、相互感染，能形成思维热潮，突破固有观念的束缚，最大限度地激发人们创造性的思维能力。下面介绍如何使用头脑风暴法。

1．围绕主题进行联想

头脑风暴法的第一步是审读主题并围绕主题进行联想。思考的时候可以天马行空，但是不能跳出主题所构建的范围。如果要进一步仔细思考和联想，可以寻找该事物的不同特点，发现不同的思考方向，根据每个特点和方向罗列相应的2~3个关键词，由此打开新的思路。

2．确定文案内容的风格

文案内容的风格多取决于所要描绘的商品。有趣、温馨、实在、华丽、好玩等，都是文案可能涉及的风格样式。例如，某手机品牌的文案内容自始至终都在表达情怀，用情怀俘获了大量粉丝；某家具公司的文案内容走的是清新、温馨的路线，如图3-11所示，它为用户营造出家的感觉，并时刻提醒用户什么是有质量的生活。所以，网络编辑人员需要先了解文案内容有哪些风格，然后再确定使用哪一种风格。

图3-11　某家具公司的文案内容

3．理解文案内容的主题

网络编辑人员要认真思考：文案内容的主题是什么？应该在哪里使用？为什么用户会使用和接触该商品？该主题一般在什么时间点用得比较多？用户对其进行了怎样的评价？思考完这些，网络编辑人员就能对这个商品或品牌有一些明确的想法，便于进一步确定文案内容的主题。

4．更换角度，搭建使用场景

网络编辑人员向别人抛出一个问题前，先假设自己正在使用某商品或正在做某件事情，即换一个角度，站在第三方的立场来看待这个问题，根据一些决定性因素思考别人可能会有的想法，把自己当成用户来搭建使用场景。使用场景被搭建出来后，应当具体化成生活中容易理解或令人意想不到的事情。例如，香飘飘奶茶的文案内容"一年卖出七亿多杯，杯子连起来可绕地球两圈"。

5．参考外部信息

在撰写文案内容前，网络编辑人员可参考各种外部信息（如已完成的案例、外部素材、流行热点等）进行综合整理。

（1）已完成的案例。从已完成的案例中寻找各个案例的异同点，判断其价值，再去寻求差异化，从而为撰写文案内容提供参考。

（2）外部素材。如在看淘宝热搜关键词排行榜和热门微博时，可以从淘宝和微博搜索栏中搜索关键词来寻找参考。

（3）流行热点。结合时下热点，借热点带来的流量，再在结合商品的基础上搜索和参考同行业的文案风格。

6．修改并确定文案内容

撰写文案内容并进一步修改文案的内容。考虑文案内容可行与否，有没有向用户明确地传达出商品的特点和亮点，是否能够触碰到用户的痛点，这些都是修改文案内容过程中需要重点关注的问题。在条件允许的情况下，网络编辑人员可以把文案内容初稿向其他人展示，让他们进行讨论和评价；最后再确定文案的内容，并对其进行最终的审查。

3.3.2　元素组合法

美国广告创意学者詹姆斯·韦伯·扬（James Webb Young）在《产生创意的方法》一书中给创意下了定义，即创意是旧元素的新组合。元素组合法就是据此来实现创意思维的一种方法，具体来说，就是不同元素的组合常常能带来意想不到的创意。

在进行内容创作时，元素组合法要求网络编辑人员根据文案的主题目标，先随机填写一些关键词（元素），再将这些关键词与商品或服务放在一起进行联想，看一看它们能否搭配出一些全新的创意。元素组合法把每一个卖点都看成文案写作的一个元素，然后将这些元素进行组合，最终形成核心卖点，并通过文案展示出来。在图3-12中，网络编辑人员将该商品有卖点的元素展示出来，然后利用元素组合法将卖点组合在一起，形成了商品的核心卖点。

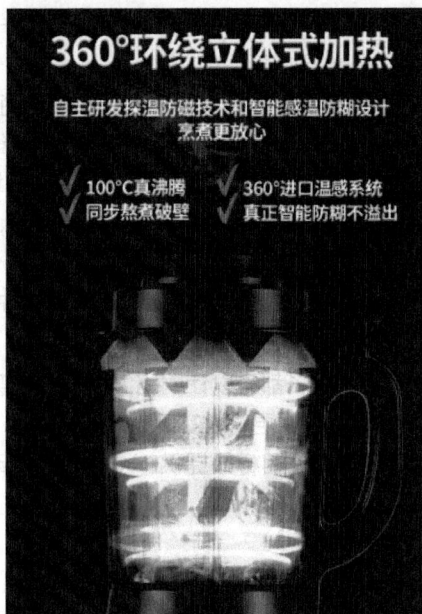

图3-12　元素组合法

3.3.3　九宫格思考法

九宫格思考法是培养创意的简单练习法，很多人常用这种方法构思内容的策划方案或演讲PPT的结构等。

1. 九宫格思考法的操作步骤

九宫格有助于扩散人的思维，用九宫格思考法创作电商文案内容时，要把商品名写在中心的格子内，再把由商品引发的各种联想写在其余8个格子内。九宫格的填写方式如图3-13所示。

联想	联想	联想
联想	商品	联想
联想	联想	联想

图3-13　九宫格的填写方式

九宫格思考法的具体操作步骤如下。

（1）拿一张白纸，先画一个长方形，再将其分割成9个格子，将主题（如商品名称等）写在中心的格子内。

（2）将与主题相关的联想写在旁边的8个格子内，尽量用直觉去联想，不用刻意寻求"正确"答案。

（3）尽量扩充8个格子的内容，鼓励反复思考、自我质疑，先前写下的内容也可以修改。

对网络内容而言，我们可以采取下面两种填写方式。

① 按顺时针方向填写：按照顺时针方向把自己所想到的要点填进格子，循序渐进、由浅入深地对商品卖点进行挖掘。

② 从四面八方填写：将自己所想到的要点填进任意一格，不用刻意思考这些要点之间有什么关系。

2. 填写九宫格的注意事项

使用九宫格思考法进行网络内容策划时，我们应注意以下事项。

（1）想到就写，只要是围绕核心主题产生的联想，都可以填写到主题以外的其他8个格子中。

（2）8个格子填满后，还可以多填写一两个九宫格。

（3）九宫格中的每一个联想单项都可以细分，甚至可以细分出另一个九宫格。这样，网络编辑人员可以把单项部分再一一整理，从而得到更加细致的内容。

（4）用词简明。为了使九宫格清楚且易懂，网络编辑人员应该使用简明的关键词对其进行描述。

（5）尽量填满。填写九宫格是网络编辑人员围绕核心主题进行思维发散的一种解决问题的方法，为了给核心主题提供更多的想法和解决思路，应该尽量将每一个格子都填满。

（6）重新整理。第一次填写九宫格可能会存在不符合逻辑等问题，此时可以重新思考、整理以建立更好的九宫格模型。

（7）经常检讨。当掌握九宫格的使用技巧后，网络编辑人员就会产生更多的想法，因此经常修正九宫格的答案，对网络编辑人员的实际行动更有帮助。

（8）放慢思考。九宫格中的每一个格子都可以让网络编辑人员在某个核心概念下进行深入思考，因此网络编辑人员可以适当放慢速度，以获得更符合实际需求的答案。

（9）提供行动依据。填写九宫格的最终目标是提供一个有效的行动指引，因此要能够体现实际的核心主题，并能有助于采取实际行动。

3.3.4　五步创意法

五步创意法是美国广告创意学者詹姆斯·韦伯·扬创造的，顾名思义，这种方法需要用如下5个步骤来完成文案的创作。

步骤一，收集原始资料。原始资料分为一般资料和特定资料。一般资料是指人们日常生活中所见所闻的令人感兴趣的事实。特定资料是与商品或服务有关的各种资料。文案创作所需的要素大多从这些资料中获得，因此要获得有效的、理想的创意，原始资料必须丰富。

步骤二，内心消化。思考和检查原始资料，对所搜集的资料进行理解性的吸收。

步骤三，放弃拼图，放松自己。在这一阶段，网络编辑人员不用做任何努力，尽量不要去思考有关问题，一切顺其自然。简而言之，就是将问题置于潜意识之中。

步骤四，产生创意。詹姆斯·韦伯·扬认为，如果上述3个步骤网络编辑人员都认真踏实、尽心尽力地去做了，那么，步骤四会自然而然地出现，即灵感会在没有任何先兆的情况下突然出现。换言之，创意往往是在竭尽心力、停止有意识地思考、停止搜寻并休息与放松一段时间后出现的。

步骤五，修正创意。一个新的构想不一定很成熟、很完善，它通常需要经过加工或改造才能适合现实的情况。

3.4　网络正文的创作

网络编辑人员要掌握网络正文的创作方法，包括正文开头、正文内容和正文结尾的具体写作方法。

3.4.1　正文开头的写作方法

当用户被网络标题所吸引，想要进一步阅读网络正文内容时，正文开头能否进一步地吸引用户的注意就显得格外重要。正文开头不仅是创作网络内容的起点，还是吸引用户继续浏览内容的关键。如果正文开头写得好，成功吸引了用户的注意力，那么不但能为接下来的网络内容奠定良好的基础，也能带给用户一种美的享受，或者打动用户的内心，引发其购买商品的意愿。正文开头的写法有很多，网络编辑人员可参考下面介绍的几种方法来提高自己的写作水平。

> **课堂讨论**
>
> 网络内容正文开头的写作有哪些方法？

1. 开门见山

开门见山就是直截了当、直奔主题，毫不拖泥带水。这种写作方法在文章开头就引出文中的主要人物，或引出故事，或揭示主题，或点明说明的对象。它要求快速切入文章中心，将文章需要表达的内容直接描述给用户。对促销、推广的网络内容来说，开门见山就是直接说明某商品或服务的独特卖点。这类开头可围绕所营销商品或服务本身的功能或特性来展开，同时结合用户的情况，以引起用户的共鸣。

> **知识链接**
>
> 注意，采用这种方法开头时，文章的主题或事件必须要足够吸引人，否则太过直白的营销信息会使用户快速失去继续阅读的欲望。

图3-14所示的网络内容正文开头就开门见山地围绕营销的商品来进行叙述。

2．引用名言

引用名言是在正文开头使用名人名言、谚语或诗词来引领文章的内容，凸显文章的主旨及情感。这种方法既能吸引用户，又能提高网络内容的可读性。例如，下面的正文开头就引用了名言。

古人曾说："一年之计在于春，一日之计在于晨。"因而智慧的人们早在春天就播下了种子，从晨曦初露便开始学习，因为他们知道"春季如晨，晨如春季"；然而不明智的人们却仍沉浸在美梦之中，浑然不知他们还未开始便已注定失败。

3．利用故事

正文开头可以使用小故事，用一句话揭示道理。采用故事开头要注意故事的长短，其主要起引导的作用，建议尽量选择短小、有趣的故事。正文开头应该更加精练，需要做到字字雕琢。如果故事内容太长，可添加超链接，引导有兴趣的用户继续阅读。图3-15所示的小米文章就以"8月10日雷军年度演讲，揭秘雷军最艰难的10个选择"为开头，这篇文章一经出现便在网上持续曝光，被各媒体平台争相转发，达到了较好的营销效果。

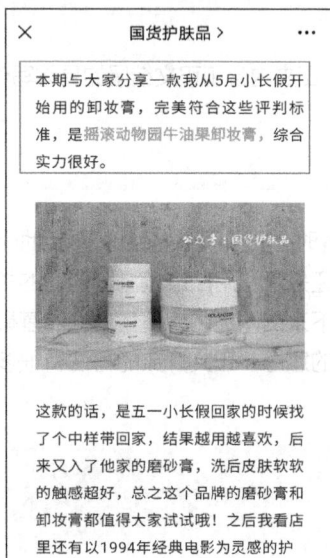

图3-14　开门见山

图3-15　利用故事

4．引起好奇

网络编辑人员在创作正文开头时常用的方法是"引起好奇"，可以以商品或品牌为出发点进行陈述，从用户的利益出发，抓住其注意力并引发其好奇心。下面展示了3则正文开头部分的内容。

（1）他为什么要放弃年薪30万元的外企高管工作，在网上卖服装，短短一个月销售额达100万元，他是如何做到的……

（2）5年前，晓丽开了第一家网店，现在，她在全国有40家加盟店，这个小姑娘是怎么办到的……

（3）这款手机的销量凭什么在全国手机销量中能排到前3名……

5．引用权威

权威不仅指权威人士，还包括某个行业的调查数据、分析报告、趋势研究等资料。大部分人都会相信权威的力量，以及相信权威的数据。

网络编辑人员无论引用什么权威信息，一定要展示其专业性和影响力；描述权威的时候，一定要描述出权威的高标准，表现出并不是所有人都可以轻而易举地获得这个商品或服务。

图3-16所示的某品牌漱口水在网络正文开头就直接指出某实验室的数据信息，这样有权威的数据或权威的第三方机构佐证效果的文案更容易获得用户的信任。

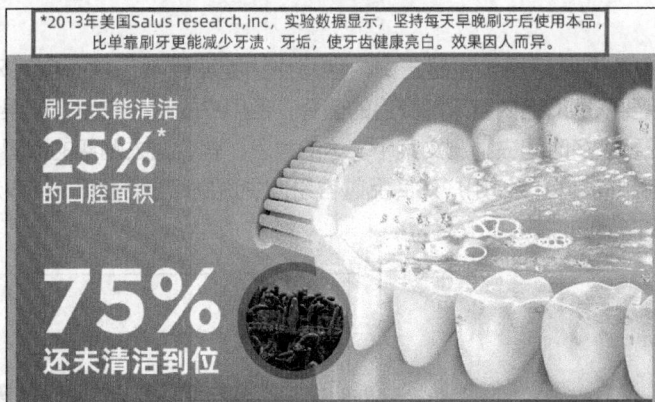

图3-16　引用权威

6．继续阐述标题的内容

如果标题已经写得足够好、足够吸引用户，那么网络编辑人员就可以在网络正文开头继续阐述标题的内容。此时应直奔主题，毫不拖泥带水地展示商品或品牌的优势，或者介绍解决某种问题的方法等。这种写作方法是围绕商品本身的功能或特性来展开的，主要用于商品宣传或营销文案中，特别适用于一些科技类或生活用品类的商品。网络内容从标题到正文都将围绕商品本身进行描述，详细说明该商品的相关特性和服务。

7．拟人化

拟人化就是将网络内容写成戏剧性对白或作者的陈述，并将商品虚拟化成人物，向用户展现其内心活动。拟人化的独白式语言通常会带给用户一种正在亲身经历的感受，比较容易被用户接受。因为拟人化的内心独白常被认为是内心活动的真实反映，不掺杂虚伪的感情，所以能给予用户情真意切、直抒肺腑的印象，引起用户的共鸣，获得用户的信任。

例如，某品种核桃的商品宣传正文开头就以拟人化的手法讲述了核桃的"心情"——"虽然我脸皮薄，但我内心丰富"。该文案语言生动，如叙家常，令人感到十分亲切，容易让用户在认可的同时产生购买的行为。

8．使用具有引导性的语句

"引导性"的网络内容开头就是将用户视为无意关注者，对文案表达形式进行创新，选择新颖的内容，以"引导性"为导向，创作能够吸引用户注意、点击和深入参与的文案。"引导性"主要体现在以下方面。

（1）利益。例如，"说句话，赢大奖""免费笔记本等你来拿"等都是点击率较高的文案短句。

（2）情感。文案以情感为"诱饵"，吸引用户点击的效果通常较好。

（3）趣味。趣味指文案读起来有趣，或是让用户感觉到阅读的方式有意思。

3.4.2　正文内容的写作方法

网络编辑人员创作正文的目的是用内容影响用户的认知和行为，以传达主题，实现推广营销。因此，网络正文内容需要对商品进行详细的描述。下面介绍网络正文内容的写作方法。

1．简单直接

简单直接符合用户的浏览习惯，也是正文内容写作的重要原则。这一点对网络内容而言特别重要。因为大部分用户需要依靠网络内容了解商品的信息，但用户的耐心有限，如果文案表达不直接，用户在了解商品时需要花费太多时间去猜测文案中表达的意思，就会失去购买的欲望，商家就会丢失潜在用户。所以，网络内容越简单直接，用户对商品越容易产生深刻印象。图3-17所示的某电商文案正文内容简单直接地展示了商品的性能。

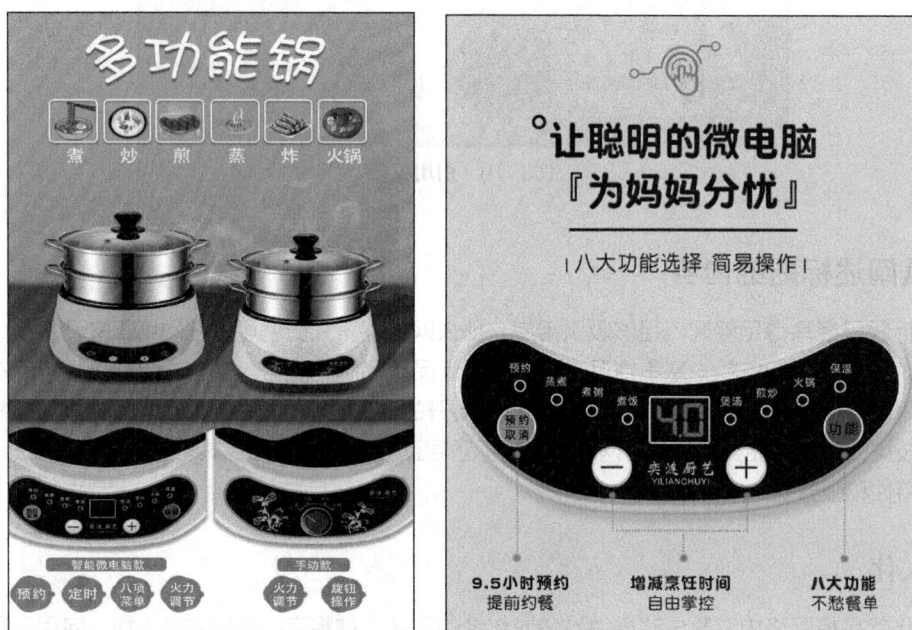

图3-17　简单直接的正文内容

2．让利用户

网络内容经常会在正文中注明促销的内容，让利用户，以刺激用户在最短时间内进行消费，从而提高商品销量。例如，很多商品销售文案会直接在正文中注明各种优惠促销活动，促使用户产生消费行为。图3-18所示为网络内容中让利用户的正文内容。

3．用感情来打动用户

好的网络内容是一种情感流露。网络编辑人员在创作网络内容时应尽可能提炼语言，抓住用户的内心需要，这样才能达到好的营销效果。所以，网络内容的正文写作应利用简单的词语造句，直击用户的痛点。网络内容的风格无论是怀旧风还是文艺风，只要赋予感情，就能触及用户的内心深处，引发用户共鸣。图3-19所示正文中的"千言万语不如懂你，送爸妈最好的礼物"正是用感情来打动用户。

图3-18 网络内容中让利用户的正文内容

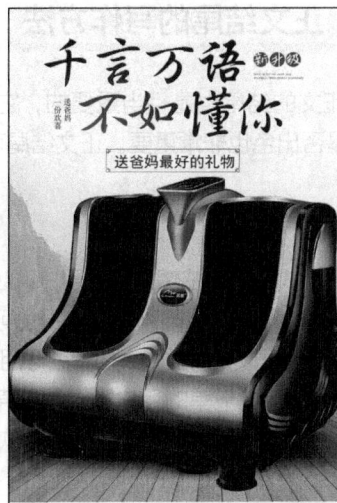

图3-19 用感情来打动用户

4．个性化迎合用户

随着"90后""00后"逐渐成为网络消费的主体人群，网络内容的目标群体也发生了变化。网络编辑人员在针对这类消费人群进行创作时，要抓住他们的消费特点，如移动互联、差异化（具有展现个性的消费需求）、宅生活（追求高度便捷的消费方式）等。同时，网络编辑人员要使用轻松、愉悦的写作风格，增强文案的个性化特点。

图3-20所示为某运动品牌的个性化正文内容，该品牌定位的群体是时尚、独立和喜欢运动的年轻用户。所以，该品牌文案向用户展示出了其与众不同的运动风格，极具个性，让喜欢的用户按捺不住购买的冲动。

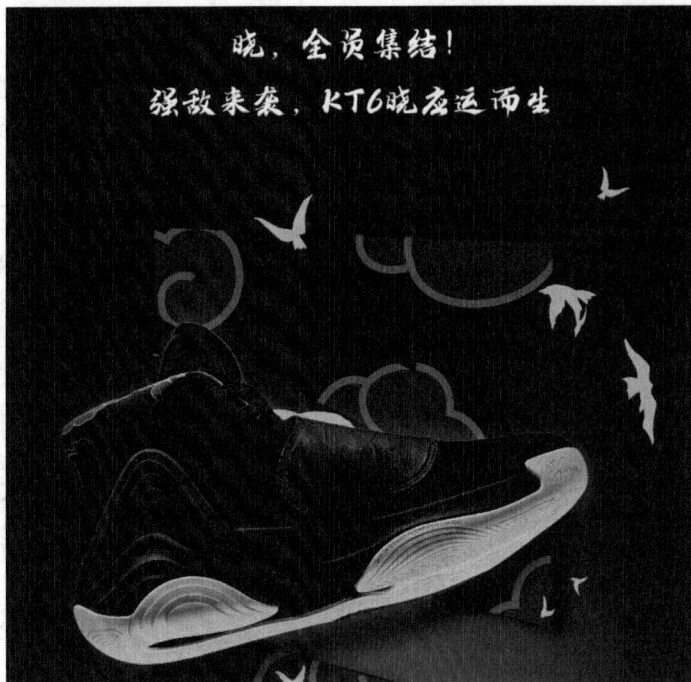

图3-20 个性化的正文内容

3.4.3　正文结尾的写作方法

网络正文的结尾也是相当重要的，它是触动用户情感的关键一步。网络正文内容是否可以打动用户，结尾是否出色也非常重要。正文结尾可参考以下几种方法进行写作。

1．引导行动式

引导行动式就是从感情上打动用户，让商品有温度、有情绪。用户在感受到网络编辑人员的用心与认真时，往往就会被打动。网络编辑人员也可以利用利益和好处对用户进行引导，在推广文案中用这种引导行动式的结尾还可以将利益最大化，引导用户点击购买。比如，下面的结尾就是采用了引导行动式。

● 每天前15名下单的用户赠送手机壳。
● 活动期间，凡在本店购买任意一款手机，即送200元代金券。

2．互动式

互动式结尾是在正文结尾处设置互动话题，吸引用户参与，引发他们的思考并提高参与度。网络编辑人员可挑选具有代表性的内容进行回复，不要为了数据而欺骗用户。网络编辑人员可以在微博、微信、微淘等注重参与评论的社交平台的文案中设置话题，最好是设置一些用户比较感兴趣的话题。比如，下面的结尾就是采用了互动式。

● 转发并留言，从中抽取5位平分100元。
● 认可文中观点，欢迎点赞转发。
● 已经购买使用我们的商品的，欢迎写出您的使用感受。
● 到评论区来聊一聊，你最喜欢文中的哪一款商品？
● 点击下方图片即可购买，品牌直发更安心，如图3-21所示。

3．点题式

点题式结尾就是在文末总结全文，点明中心。有的文章在标题和正文开头只对有关问题进行阐述和分析，简单叙述过程，到结尾时才将具体活动信息点明。图3-22所示的文案在标题中突出了直播预告，在结尾处才点明了直播时间。

图3-21　互动式文案结尾

图3-22　点题式文案结尾

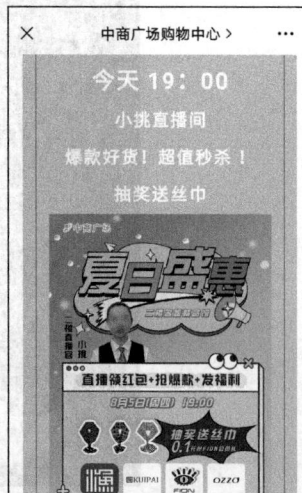

4．请求号召式

请求号召式结尾是在正文结尾处向用户提出某些请求或发起某种号召，为用户提供利益或优惠活动，以求引起用户的共鸣，加深用户的印象。图3-23所示为请求号召式文案结尾。

5．转折式

转折式的结尾就是用出其不意的逻辑思维，使网络内容与结尾形成一个"奇怪"的逻辑关系，得到出人意料的效果。该写作方法常有奇效，这种转折落差常会在用户心里引起震撼，让用户惊叹于网络编辑人员的想法，从而引起用户的讨论，在其心中留下深刻的印象。

图3-23　请求号召式文案结尾

3.5　超链接的运用

超链接是构成网站最为重要的部分之一，单击网页中的超链接，即可跳转到相应的网页，因此可以非常方便地从一个网页到达另一个网页。

📋 **课堂讨论**

在百度搜索超链接知识，谈一谈什么是超链接，超链接的类型有哪些。

3.5.1　超链接的定义

网络中的一个个网页是通过超链接的形式关联在一起的，可以说超链接是网页中最重要、最根本的元素之一。超链接的作用是在互联网上建立从一个位置到另一个位置的链接。超链接由源地址文件和目标地址文件构成，当访问者单击超链接时，浏览器会从相应的目标地址检索网页并显示在浏览器中。如果目标地址不是网页而是其他类型的文件，浏览器会自动调用本机上的相关程序打开所访问的文件。

网页中的路径可以分为3种形式：绝对路径、相对路径和基于根目录路径。这些路径都是网页中的统一资源定位符（Uniform Resource Locator，URL），只不过后两种路径将URL的通信协议和主机名省略了。后两种路径必须有参照物，一种是以文档为参照物，另一种是以站点的根目录为参照物。而第一种路径就不需要参照物，它是最完整的路径，也是标准的URL。

链接由以下3个部分组成。

● 位置点标记<a>，将文本或图片标识为链接。

● 属性href="..."，放在位置点起始标记中。

● 地址（也称为URL），浏览器要链接的文件。URL用于标识Web或本地磁盘上的文件位置，这些链接可以指向某个HTML（HyperText Markup Language，超文本标记语言）文档，也可以指向文档引用的其他元素，如图形、脚本或其他文件。

3.5.2　超链接的分类

关于超链接的分类方法有很多，下面介绍几种主要分类。

1. 从超链接存在位置分

从超链接存在位置上看，超链接可分为正文内的超链接和正文以外的超链接。

正文内的超链接一般以文字超链接和图标超链接为主。

正文以外的超链接有网页超链接、标题超链接、站点超链接、商业用途超链接、程序超链接等。

2. 从超链接路径分

从超链接路径上看，超链接可分为内部超链接和外部超链接。

内部超链接一般用于文章较长的情况，过多地让受众去滚动屏幕来获取大量信息会使其产生视觉疲劳，故可以将长文章分为不同层次，最重要的放在第一层次页面，而后按重要性递减排列。用超链接实现信息获取，一来能节省网页版面，二来能缓解受众视觉上的疲劳。

外部超链接也称为网站间超链接，当受众需要从一个网站跳转访问其他与该网站内容相关的网站时，建立在这两个网站之间的超链接就称为外部超链接。

3. 从超链接对象分

从网页中超链接的使用对象上看，超链接可分为文本超链接、图片超链接、图片热点超链接、E-mail超链接、下载文件超链接、脚本超链接等。

文本超链接就是一段文字或一句话中包含了可单击的超链接，单击超链接可以打开一个新网页或新窗口，将用户引导到不同的内容页面。图3-24所示为文本超链接。

图片超链接是给网页上的某些图片添加超链接，当用户单击该图片时，浏览器立即转入该超链接所指向的地址。图3-25所示为图片超链接。

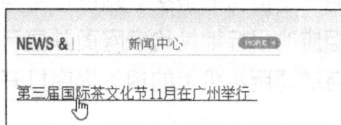

图3-24　文本超链接

图3-25　图片超链接

图片热点超链接在网页中可以把图片划分成多个热点区域，每一个热点区域链接到不同的网页。这种效果的实质是把一幅图片划分为不同的区域，再让不同的区域进行超链接。图3-26所示为图片热点超链接。

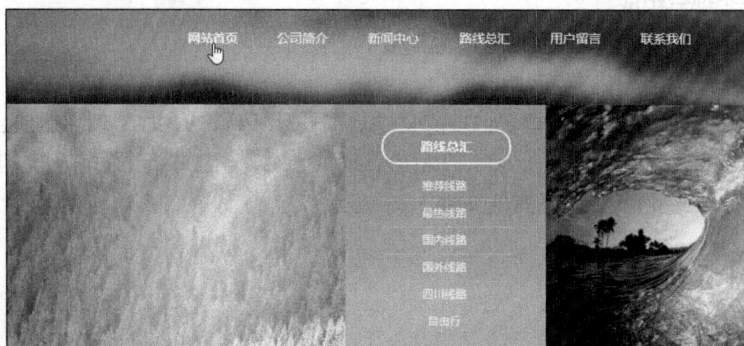

图3-26　图片热点超链接

E-mail超链接即电子邮件超链接，在制作网页时，有些内容需要创建电子邮件超链接。当单击此超链接时，将启动相关的邮件程序发送E-mail信息。图3-27所示为对文字"联系我们"创建电子邮件超链接，单击文字"联系我们"时的效果。

图3-27　电子邮件超链接的效果

下载文件超链接是为文件提供的下载超链接，如果超链接指向的不是一个网页文件，而是其他文件，如ZIP、MP3、EXE文件等，单击超链接的时候就会下载文件。单击下载文件超链接的效果如图3-28所示。

图3-28　单击下载文件超链接的效果

脚本超链接可执行JavaScript代码或调用JavaScript函数，它非常有用，能够在不离开当前网页文档的情况下为访问者提供有关某项的附加信息。图3-29所示为用脚本超链接关闭网页的效果。

图3-29　用脚本超链接关闭网页的效果

4. 从超链接的效果分

从超链接的效果上看，超链接可分为静态超链接和动态超链接。

静态超链接，顾名思义，就是没有动态效果的超链接。在网页中，一般文字上的超链接都是亮蓝色的，以起到醒目的作用，通常情况下文字下面会有一条下画线。当移动鼠标指针到该超链接上时，鼠标指针就会变成手的形状，这个时候单击，就可以直接跳转到与这个超链接相链接的网页或网站上。如果用户已经浏览过某个超链接，这个超链接的文本颜色就会发生改变。

动态超链接指的是可以通过改变HTML代码来实现动态变化的超链接。例如，可以实现将鼠标指针移动到某个文字超链接上，文字就会像动画一样跳动起来或改变颜色的效果；也可以实现将鼠标指针移到图片上，图片就会变换的效果。鼠标指针未经过图片时的效果如图3-30所示，鼠标指针经过图片时的效果如图3-31所示。

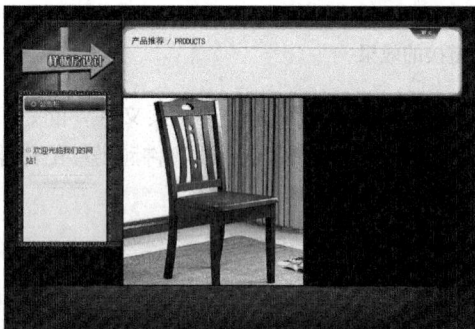

图3-30 鼠标指针未经过图片时的效果   图3-31 鼠标指针经过图片时的效果

3.5.3 超链接设置注意事项

在网络中，一个站点拥有的页面是难以计数的，如果没有一系列简洁、明晰的层次去划分大量的页面，用户在选择和寻找所需信息时就会感到迷茫。因此，网站页面及内容之间的超链接层次关系就显得非常重要。在建立超链接时，应注意以下几个方面的问题。

1. 链接要适度

超链接的存在给网络编辑提供了更多的方便，然而这种使用方式也有"度"的问题。不要使用过多的超链接，在一个网页中设置过多的超链接会导致网页的观赏性不强。链接层数过多容易让人产生厌烦的感觉，在力求做到结构化的同时，应注意链接层数避免超过4层。

2. 打开方式的甄选

超链接的打开方式一般有3种：一是在新窗口打开，二是以注释小窗口打开，三是当前页面跳转。三者各有利弊。

在新窗口打开的超链接虽然可以保证当前信息的完整性，但是打开的窗口过多也难免会影响阅读。

以注释小窗口打开的方式只有一小部分网站使用，这种方式会以窗口大小来提示用户链接的层次关系。它并不适用于所有情况。

当前页面跳转虽然不会出现太多页面而影响用户的选择，但是这种方法完全覆盖了原有页面内容，可能会出现这种情况：用户单击几次超链接后，已经忘记他最初想要了解的信息。

3. 超链接位置要考虑

一般来说，关键词的超链接通常是在正文当中出现的，正文外的一些超链接通常在文后"相关推荐"下面展示。

4. 超链接要易于辨识

对于这一点，现在大多数网站都会考虑。网站设计者会把需要链接的词语或是词组以明艳的色彩加以突出，与其他文字的暗色字体形成反差。用户单击过的超链接则以另外一种暗色标识，使用户易于分辨。

3.6 任务实训

3.6.1 女包促销内容文案写作

小王在助理编辑的岗位上工作一段时间后，已能够顺利完成网络信息的采集、筛选和归类工作。主编要求小王对收集、筛选的信息内容进行进一步编辑，修改和整合信息内容，拟定合适的标题，做好网络内容的创作和编辑工作，并运用超链接对文章进行整合，从而使信息便于被快速浏览和深入阅读。

【实训目标】

（1）网络标题的制作。
（2）网络正文内容的创作和编辑。
（3）超链接的使用。

【实训内容】

本次任务主要是对网络内容进行编辑，应在遵循网络媒体特点的基础上，充分借鉴传统媒体稿件的编辑方法。具体来说，本次任务涉及的步骤如下。

（1）根据卖点拟定促销网文标题。明确购买女包的用户对于商品的要求，撰写标题时最好在其中直接体现商品的卖点；可以分别采用不同的标题创作方式，创作出多个标题。

（2）选择合适的方法创作正文内容。正文内容中可以通过优惠活动来吸引用户注意，当然也可以使用简单直接、让利用户、用感情来打动用户、个性化迎合用户等多种方法创作多个正文内容。

（3）根据标题、正文内容和商品图片排版。注意文字的字体和颜色，以及空间位置等，尽量做到简单、整洁，突出重点和卖点。

3.6.2 创建图片热点超链接

在网页中，超链接可以是文字，也可以是图片。图片整体可以是一个超链接的载体，而且图片中的多个部分也可以分别成为不同的超链接。

3-2 创建图片
热点超链接

【实训目标】

（1）掌握超链接的应用。

（2）为图片添加图片热点超链接。

【实训内容】

使用Dreamweaver创建图片热点超链接的具体操作步骤如下。

（1）使用Dreamweaver打开素材文件，如图3-32所示。

（2）选中要创建图片热点超链接的图片，打开"属性"面板，在"属性"面板中单击"矩形热点工具"按钮，如图3-33所示。

图3-32　打开素材文件

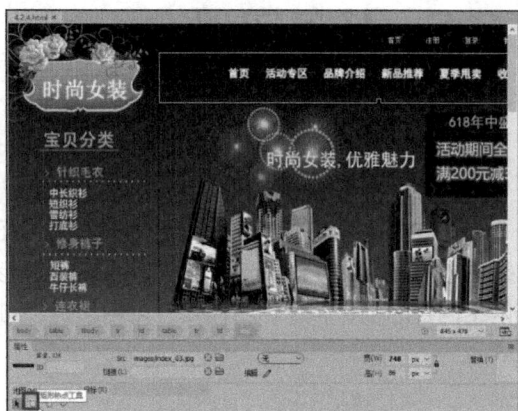

图3-33　"属性"面板

（3）将鼠标指针移动到要绘制热点区域的"首页"上，按住鼠标左键不放，拖曳鼠标绘制一个矩形热点区域，如图3-34所示。

（4）打开"属性"面板，在"属性"面板的"链接"文本框中输入链接地址，如图3-35所示。

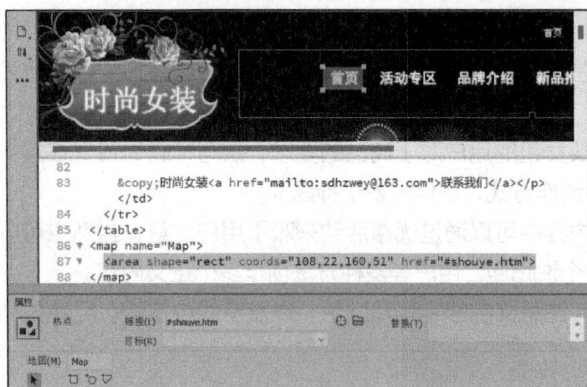

图3-34　绘制一个矩形热点区域

图3-35　输入链接地址

（5）同理，绘制其他的热点区域，并输入相应的链接地址，如图3-36所示。

（6）保存文档，按F12键即可在浏览器中预览效果，如图3-37所示。

图3-36　绘制其他的热点区域

图3-37　创建图片热点超链接的效果

3.7　知识巩固训练

1．名词解释

内容提要　　　　超链接

2．单项选择题

（1）（　　）是标题中最主要的部分，用于揭示稿件内容中最重要的信息和概括稿件的中心思想。

A．主标题　　　　　　B．副标题　　　　　　C．小标题　　　　　　D．题图

（2）（　　）的目的是启发用户思考，通过提出问题引起用户的关注，从而促使用户对商品或服务产生兴趣，或者受到启发并产生共鸣。

A．宣事式标题　　　　B．提问式标题　　　　C．颂扬式标题　　　　D．诉求式标题

（3）（　　）是在网页中可以把图片划分成多个热点区域，每一个热点区域链接到不同的网页。

A．图片超链接　　　　B．文本超链接　　　　C．图片热点超链接　　　　D．电子邮件超链接

3．多项选择题

（1）下列选项中（　　）是网络编辑人员在拟定网络稿件标题时，需要遵循的基本的制作原则。

A．题文一致原则　　　B．通俗易懂原则　　　C．突出亮点原则　　　D．情感原则

（2）网络稿件标题的排版与美化主要包括（　　）。

A．字体、字号的变化组合　　　　　　　　B．有效运用色彩

C．运用线条辅助　　　　　　　　　　　　D．借数字

（3）常用的网络内容的创意方法包括（　　）。

A．头脑风暴法　　　　B．元素组合法　　　　C．九宫格思考法　　　　D．五步创意法

4．思考题

（1）网络稿件标题内容的修饰方法有哪些？

（2）简述内容提要的撰写原则。

（3）内容提要的写作技巧有哪些？

（4）五步创意法有哪些步骤？

第 **4** 章

网络多媒体信息编辑

学习目标

知识目标	☑ 熟悉网络图片的常见格式和获取渠道。
	☑ 熟悉网络音频的常见格式、特点及类别。
	☑ 熟悉网络视频的常见格式、特点及类别。
技能目标	☑ 掌握网络图片的拍摄及编辑方法。
	☑ 掌握网络音频的编辑方法。
	☑ 掌握网络视频的编辑方法。
素养目标	☑ 提高自身的知识产权保护意识，避免图片侵权。

浏览天津欢乐谷网站，在游乐设施页面可以看到不同的游乐设施图片展示，如图4-1所示。

图4-1　天津欢乐谷网站

本网页的主要内容是介绍欢乐谷的游乐设施，使用了图片来客观、形象地展示游乐设施的全景，此时图片的运用远胜于一大串的文字描述。图片传达的信息要比文字丰富得多，特别是一些好的图片对于瞬间的记录可以产生长久的震撼人心的效果。目前，各网站在进行网络信息的组织时，都充分利用了网络媒体的优势，综合运用文字、图片、音频、视频等多种元素，达到图文并茂、视听共享的效果。

构成网页的元素包括文字、图片、音频、视频等，而且各类素材的文件格式也是多种多样的。这就要求网络编辑了解各种多媒体素材的作用和特点，能够正确选择网页中图片、音频、视频的文件格式，同时需要掌握编辑网络图片、编辑网络音频、编辑网络视频等的基本操作。

思考：

1. 在网页中使用图片的作用是什么？
2. 网络中常见的多媒体元素有哪些？

在互联网上随意浏览网页，会发现网页中除了文字以外还有各种各样的多媒体元素，如图片、动画、音频和视频等。这些多媒体元素是文本的解释和说明。在网页的适当位置放置一些多媒体元素，不仅可以使文本更加容易阅读，而且可以使网页更加具有吸引力。本章主要讲述网络图片编辑、网络音频编辑、网络视频编辑等内容。

4.1　网络图片编辑

网络图片是网页中最主要的元素之一，不但能美化网页，而且与文本相比能够更直观地说明问题，使所表达的意思一目了然。

网络图片的常见格式有哪些？你一般从哪些渠道获取网络图片？

4.1.1 网络图片的常见格式及特点

正是由于网络图片的存在，才使得网页内容变得丰富多彩。常见的网络图片格式有4种，即JPEG、GIF、PNG和BMP。下面就介绍一下这几种常见的网络图片格式及其特点，如表4-1所示。

表4-1 网络图片的常见格式及特点

格式	特点
JPEG	JPEG（Joint Photographic Experts Group，联合图像专家组）格式可以用不同的压缩比压缩文件，其压缩技术十分先进，可用有损压缩的方式去除冗余的图像数据，在获得高压缩比的同时能展现十分丰富、生动的图像。在互联网中，它是主流的图片格式，几乎所有的计算机操作系统都支持
GIF	GIF（Graphics Interchange Format，图形交换格式）文件最多可使用256种颜色。GIF可以在保持图像尺寸不变的情况下，通过减少图像中的色彩数来减小图像文件的大小。 GIF的最大优点就是可以制作动态图像，将数张静态图像作为动画帧串联起来，转换成一个动画文件
PNG	PNG（Portable Network Graphic，可移植的网络图像）是一种通用的网页图像文件格式。它结合了GIF和JPEG的优点，具有存储形式丰富的特点。它支持索引色、灰度、真彩色图像以及Alpha通道。PNG格式的文件可保留所有原始层、矢量、颜色和效果信息，并且在任何时候所有元素都是可以完全编辑的
BMP（Windows位图）	BMP是一种与硬件设备无关的图像文件格式，使用非常广泛。其特点是包含的图像信息较丰富且几乎不进行压缩，因此，BMP格式的文件所占用的空间很大。应用BMP格式最典型的程序就是Windows操作系统中的画笔

4.1.2 网络图片的获取渠道

网络编辑应掌握以下几种获取网络图片的渠道，根据不同的性质及用途，挑选实际所需的图片。

1. 专业图片网

随着网络图片需求量的增加，出现了一些专门为网络媒体提供图片的网站，这些图片网站作为其他网站的图片提供者，提供收费服务。

图4-2所示为人民图片网。人民图片网是人民网旗下的网站。人民图片网利用当前先进的信息技术和图像处理技术，构建了统一的数字技术平台，将来源于国内图片资源机构及签约摄影师的图片资源整合起来，把精彩的图片产品提供给海内外报纸、杂志、互联网、出版社、广告公司等。

知识链接

这些网站大多是收费的。如果想使用这些网站的图片，就要和这些网站签署付费协议，然后就可以使用自己的注册账户在这些网站上自由地搜索、下载图片了。

图4-2 人民图片网

  网络上的图片除了照片，还有许多人工合成的图片，比如设计师所设计的各种图片和素材。这类网站大多为图片爱好者自行上传图片以获取积分的共享平台，常见的图片素材网站有千图网、我图网、昵图网等。

  下面以昵图网为例，如图4-3所示。它是一个设计素材、图片素材的共享平台。昵图网的图片基本上都很大，图片都是经过精心挑选的，包含收费的与免费的。用户可以注册会员，上传自己的图片来换取积分。图片一旦被采纳，用户就会获得共享分；图片被别人下载，用户也可以获得共享分。共享分可用于下载别人的图片。

图4-3 昵图网

2．搜索引擎

  随着搜索引擎的发展与完善，很多搜索引擎都把图片搜索作为自己的搜索服务项目之一。图4-4所示为百度图片搜索页面。

图4-4 百度图片搜索页面

百度图片搜索页面比较简洁，可以通过关键词直接搜索图片。还可以进行高级搜索，如按尺寸、颜色等进行搜索。图4-5所示为百度图片高级搜索的页面。

图4-5　百度图片高级搜索页面

综合性搜索引擎有很多都是提供图片搜索服务的，各个搜索引擎提供的搜索分类并不一致，拥有的图片资源也不尽相同。在使用这种渠道获取图片时最好能将需求细化，并与各个搜索引擎的特色结合。

3．网站图片频道

很多网站设立了专门的"图片频道"，如中国新闻网的"图片频道"、新华网的"图片频道"。图4-6所示为新华网的图片频道的首页。

图4-6　新华网的图片频道的首页

为了方便管理和展示图片，网站的图片频道大多采用栏目化的分类方式来呈现。以新华网的图片频道为例，其内容丰富，包括很多种类的图片，如"最新""时政""国际""社会""军事""娱乐""时尚""体育""奇趣""科教""画刊""图绘infograph""新华漫画""老照片"等。这种分类呈现方式的好处是类别清晰，便于进行深度查找。

4．其他渠道

网站上的图片还有一部分是网络编辑人员自己拍摄或者制作的。有的网站拥有自己的专职新闻记者，可以自己拍摄新闻图片。此外，网站编辑人员也可以制作一些新闻图表、图示和漫画等。

还有一些图片是来自其他渠道的，如从自媒体处购买，包括新闻图片与商品图片等，直接购买图片有利于节省物力和人力。

💡 **素养提升**

在一些购物网站上，商家发布商品时通常会使用图片来展示商品的特点和优势。这些图片可能是商家自己拍摄的，也可能是从其他渠道购买或获得的。无论是哪种情况，商家都需要确保图片的使用是合法的，不侵犯他人的版权。

对商家来说，避免盗图的最好方法是购买正版的图片或从图片拥有者处取得合法授权。商家可以通过购买正版图片或与图片拥有者签订合作协议，获得合法使用的权利。这样不仅可以避免侵权的风险，还可以提升商家的形象和信誉。

对消费者来说，如果在购物过程中发现商家使用了侵权的图片，可以向平台投诉或举报该商家。平台会对投诉进行调查，如果确实存在侵权行为，平台将采取相应的处罚措施，包括下架商品、封禁账号等。

除了商家和消费者的主动行为，平台也有责任加大对盗图行为的监管力度。平台可以加强审核制度，对商家发布的商品图片进行审核，确保图片的合法性；也可以建立举报机制，鼓励用户积极举报侵权行为，及时处理侵权投诉。

总之，盗图行为是违法的，不仅会侵犯图片拥有者的权益，也会损害商家和平台的声誉。作为商家和消费者，我们都应该遵守相关法律法规，尊重知识产权，避免使用盗版图片。平台也应该加大监管力度，确保商品图片的合法性，保护用户的权益。只有在一个良好的经营环境中，商家和消费者才能够共同发展，实现双赢的局面。

4.1.3　网络图片的拍摄

在电商网站中，商品图片的拍摄非常关键，因为商品图片的效果直接影响到消费者的购买欲望。一幅好的商品图片可能会让商品的点击率成倍增长。本小节主要介绍吸光类商品、反光类商品和透明类商品的拍摄。

1．吸光类商品的拍摄

吸光类商品非常常见，如毛绒、呢子大衣、棉麻、布料、毛线、裘皮大衣、橡胶及大部分塑料制品等。常见的吸光类商品如图4-7所示。

图4-7　常见的吸光类商品

吸光类商品在光线照射下会形成明暗相间的层次。吸光类商品的表面质感相差很大，有的非常粗糙，有的非常光滑，在拍摄布光时应区别对待。外表质感非常粗糙的商品可以采用较硬的光质来拍摄，外表质感非常光滑的商品可以采用柔和的光质来拍摄。

对于外表质感粗糙的商品，如粗陶、裘皮、铸铁等，在拍摄时可以采用硬的直射光（如聚光灯、闪光灯、太阳光等）直接照明，照射方位要以侧光、侧逆光为主，照射角度也要低一些，这样表面凹凸不平的质地会产生细小的投影，能够强化其肌理的表现。粗陶的拍摄如图4-8所示。

2. 反光类商品的拍摄

常见的反光类商品主要有珠宝首饰、电镀制品和陶瓷类制品等，这类商品最大的特点是表面结构光滑如镜，反射能力非常强。如果采用直射光照射这类商品的表面，就会改变光线的传播方向，产生强烈的眩光。反光类商品如图4-9所示。

图4-8　粗陶的拍摄

图4-9　反光类商品

拍摄反光类商品不要使用直射光，而要采用柔和的散射光线照明，或者使用柔光箱、反光板等光扩散工具对光线进行柔化，用反射光来照亮商品，如图4-10所示。柔和的光线能够降低商品表面的反光度，使其色调更加丰富，所以拍摄的图片更能表现出光滑的质感。

图4-11所示为拍摄反光类商品。在拍摄反光类商品时，需要注意的是，照相机和拍摄者的倒影不要反射到商品的反光面上，否则拍摄出的图片就会出现黑斑。可以通过大面积的柔光光源来降低商品反射光的强度，使商品的色调和层次更加丰富，并准确地表现出商品光滑的表面质感。

图4-10　使用柔光箱柔化光线

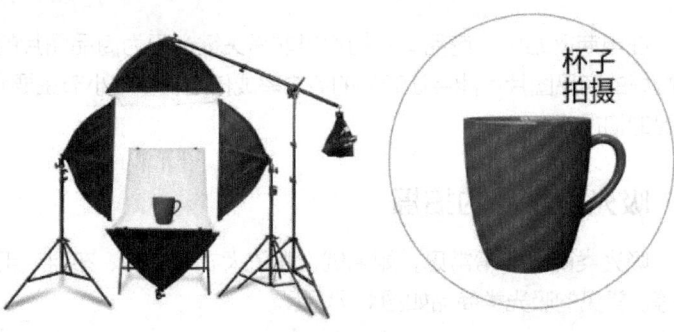

图4-11　拍摄反光类商品

3. 透明类商品的拍摄

常见的透明类商品包括各种透明玻璃制品和部分塑料器皿等，这类商品最大的特点是能让光线穿透，如图4-12所示。

可以通过侧光、侧逆光和底部光来拍摄透明类商品，利用光线穿过透明体时因厚度不同而产生的光亮差别呈现出不同的光感，使其产生玲珑剔透的艺术效果，体现商品的质感。

可以选择在黑背景下表现透明体。在布光时首先将被拍摄商品与背景分离，可以在被拍摄商品两侧使用柔光箱，然后在前方加一个灯箱，此时商品上半部分的轮廓也能表现出来，这样拍出来的效果会显得更加精致、剔透。

在拍摄玻璃瓶中的液体或玻璃瓶时，可以采用折射光照明，让逆光、侧逆光的光源穿过透明体，表现出其精致和玲珑剔透的质感，如图4-13所示。

图4-12　透明类商品

图4-13　拍摄玻璃瓶中的液体或玻璃瓶

4.1.4　网络图片的编辑

可以用Photoshop来对网络图片进行编辑加工处理以及运用一些特殊效果。本小节将介绍常见的图片编辑操作，包括裁剪图片、图片抠图、调整图片的亮度和对比度、制作特效文字等。

技能实训1——裁剪图片

裁剪图片是网络图片编辑工作中的一个重要环节，需要注意的是，要为准确传递信息而裁剪，所有的裁剪都应该以信息的传递为本。裁剪图片的具体操作步骤如下。

（1）选择"文件"→"打开"命令，打开图片文件，选择工具箱中的"裁剪工具"，如图4-14所示。

图4-14　选择"裁剪工具"

（2）拖曳鼠标，创建相应的选区，如图4-15所示。

（3）在选区内双击，即可裁剪图片，裁剪后的图片效果如图4-16所示。

图4-15　创建选区

图4-16　裁剪后的图片效果

📖 知识链接

在裁剪图片的过程中，网络编辑要特别注意：不要因为裁剪而改变图片的原意，不能裁剪掉图片的关键内容；另外，图片的裁剪也不宜过"狠"，应该保留必要的空间，尤其是当图片中的留白是为了烘托图片气氛时，更不能随便裁剪。

技能实训 2——图片抠图

抠图有很多种操作方式，针对不同的图片可以选择不同的方法。下面利用Photoshop对商品图片进行抠图，具体操作步骤如下。

（1）启动Photoshop，打开一幅图片，在工具箱中选择"魔棒工具"，如图4-17所示。

（2）在工具选项栏中的"容差"文本框中输入数值。单击图像背景，同时按住Shift键，再单击背景中没有被选中的地方，将整个背景选中，效果如图4-18所示。

4-1　技能实训2——图片抠图

图4-17　选择"魔棒工具"

图4-18　选择背景

（3）选择"选择"→"反选"命令，将包选中，效果如图4-19所示。

（4）选择"选择"→"修改"→"羽化"命令，弹出"羽化选区"对话框，在"羽化半径"文本框中输入"0.5"，如图4-20所示。单击"确定"按钮，设置羽化效果。

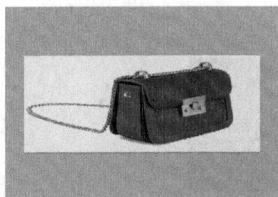

图4-19　反选图像

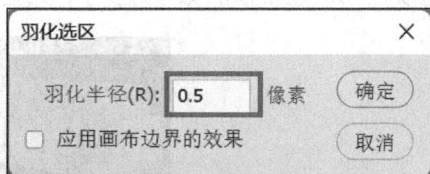

图4-20　"羽化选区"对话框

（5）选择"编辑"→"拷贝"命令，复制图像。打开一幅图片作为新背景，选择"编辑"→"粘贴"命令，将复制得到的图像粘贴到新背景中，效果如图4-21所示。

（6）选择"编辑"→"自由变换"命令，将复制得到的图像缩小到需要的尺寸，如图4-22所示，即可完成抠图与更换背景操作。

图4-21　粘贴图像

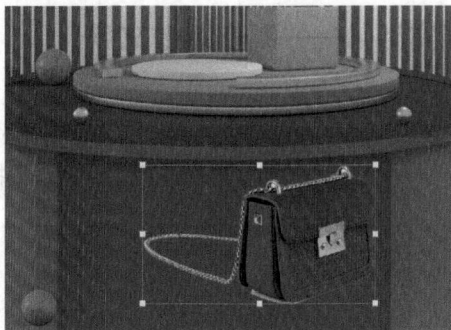

图4-22　缩小图像

技能实训 3——调整图片的亮度和对比度

4-2　技能实训3
——调整图片的
亮度和对比度

使用"亮度/对比度"命令可以直观地调整图片的亮度和对比度。该命令在快速修复曝光不足或曝光过度的图片时非常有用，可以使图片的色彩更清晰、层次更分明。调整图片的亮度和对比度的具体操作步骤如下。

（1）启动Photoshop，打开一幅图片，如图4-23所示。

（2）选择"图像"→"调整"→"亮度/对比度"命令，弹出"亮度/对比度"对话框，向左拖曳相应的滑块可降低亮度和对比度，向右拖曳相应的滑块可提高亮度和对比度。这里设置"亮度"为"97"，"对比度"为"5"，如图4-24所示，单击"确定"按钮。

图4-23　打开图片

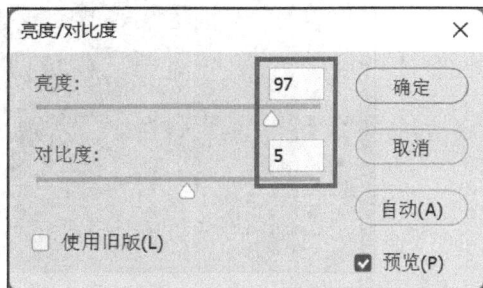

图4-24　"亮度/对比度"对话框

可以看到调整后的图片效果好多了，如图4-25所示。

图4-25　调整亮度和对比度后的效果

技能实训 4——制作特效文字

在处理商品图片的过程中，我们常常会添加一些特效文字，如立体文字等。其实，制作立体文字的方法有很多种，本例所制作的立体文字效果如图4-26所示，具体操作步骤如下。

（1）打开图像文件，选择工具箱中的"横排文字工具"，如图4-27所示。

图4-26　立体文字效果（1）

图4-27　选择"横排文字工具"

（2）在工具选项栏中将字体设置为"方正舒体"，字体大小设置为"150点"，字体颜色设置为"#e0a86b"，输入"爱"，效果如图4-28所示。

图4-28　输入文字

（3）在"图层"面板中选中文本图层，单击鼠标右键，在弹出的快捷菜单中选择"复制图层"命令，弹出"复制图层"对话框，如图4-29所示。

（4）单击"确定"按钮，即可复制图层，复制后的"图层"面板如图4-30所示。

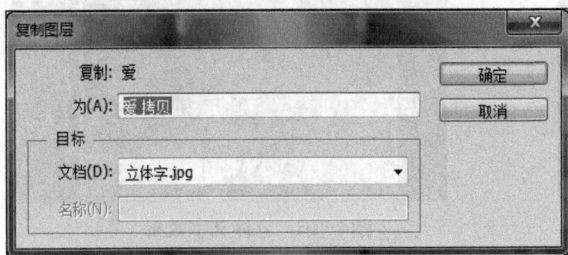

图4-29　"复制图层"对话框

图4-30　复制后的"图层"面板

（5）选择"图层"→"图层样式"→"渐变叠加"命令，弹出"图层样式"对话框，如图4-31所示。

（6）在该对话框中单击"渐变"选项右侧的"点按可编辑渐变"按钮，在弹出的"渐变编辑器"窗口中选择渐变颜色，如图4-32所示。

图4-31　"图层样式"对话框

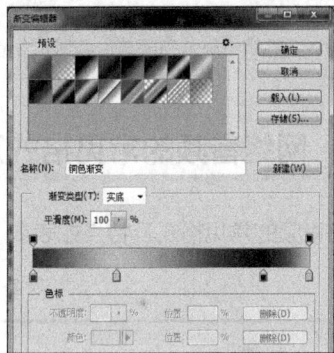

图4-32　选择渐变颜色

（7）选择"内阴影"复选框，并设置相应的参数，如图4-33所示。

（8）选择"描边"复选框，并设置相应的参数，如图4-34所示。

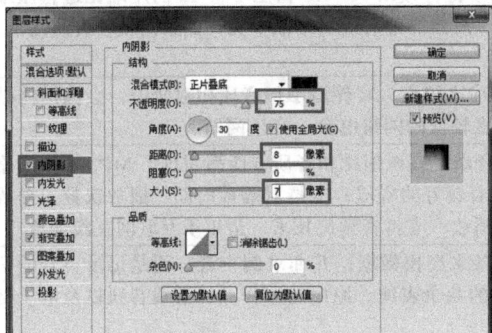

图4-33　设置"内阴影"参数

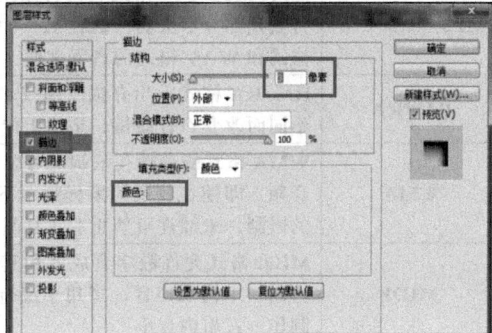

图4-34　设置"描边"参数

（9）单击"确定"按钮，设置图层样式后的效果如图4-35所示。

（10）选择工具箱中的"移动工具"，将复制得到的文本图层向下移动，效果如图4-36所示。

图4-35　设置图层样式后的效果

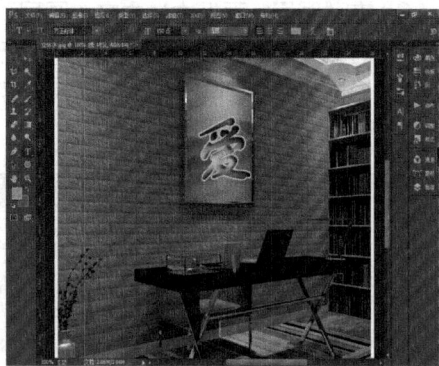

图4-36　立体文字效果（2）

4.2　网络音频编辑

网络音频是网页中的听觉元素，它极大地丰富了网页的内容，并增强了网页的表现力和感染力。

课堂讨论

网络音频的常见格式有哪些？我国网络音频的主要类别有哪些？尝试从百度搜索常见的音频网站。

4.2.1　网络音频的常见格式及特点

网络音频的常见格式及特点如表4-2所示。

表4-2　网络音频的常见格式及特点

格式	特点
CDA	CDA格式是CD类音乐光盘中的文件格式，也是音质最好的音频文件格式之一。用CDA格式保存的音频接近原声，需要用专业的音轨抓取软件才能对CDA格式的文件进行转换
WAV	WAV格式在PC上应用广泛，支持多种压缩算法、音频位数、采样频率和声道，常用于保存未压缩的音频，依照声音的波形进行存储，音频质量高，但占用存储空间较大
MP3/MP3 Pro	MP3/MP3 Pro格式利用音频压缩技术将音频以1∶10甚至1∶12的压缩比进行压缩，保持低频部分不失真，牺牲12～16kHz高频部分的质量来减少文件的数据量，音质次于CDA格式和WAV格式的音频文件
RM/RA	RM/RA格式采用有损压缩技术，压缩比较高，文件最小但音质相对较差。会因网络带宽的不同而改变声音质量，适用于传输速度较低的网络电台、音乐网站
WMA	WMA格式的音频在录制时可以调节音质，在压缩比和音质方面都超过了MP3和RA格式的音频，即使在较低的采样频率下也能有较好的音质；支持对播放时间、播放次数、播放机器的限制，未经许可禁止非法复制甚至播放；支持音频流技术，适用于互联网在线播放
MIDI	MIDI格式允许数字合成器和其他设备来交换数据，并非录制声音，而是记录声音的信息，再以声卡再现声音；多用于流行歌曲的业余表演、原始乐器作品、游戏音轨以及电子贺卡的制作，占用内存小
APE	APE格式为无损压缩格式，CD音频数据压缩为APE格式后可以无损还原。同一文件的APE格式数据量仅为CDA格式的一半
FLAC	FLAC格式为无损压缩格式，还原后内容相同；可用播放器直接播放FLAC格式的音频文件
AAC	AAC格式为高级音频编码格式，编码效率及压缩能力强，支持多类播放设备

4.2.2 网络音频的类别

网络音频是通过网络传播和收听的所有音频媒介内容。从内容来源上看，网络音频既包括个人用户创作的内容，又包括专业团队创作的内容。目前，我国网络音频的主要类别包括音频节目、音乐网站、有声读物、音频直播及网络电台等。

1．音频节目

音频节目指围绕某一主题或话题由单集音频文件构成的实时更新的节目。用户在订阅某档音频节目后，能够接收或下载该节目最近发布的音频文件。依据是否付费，可将目前主流的网络音频节目分为播客和付费音频节目。

播客是诞生最早的音频节目形式之一，该形式的节目有固定的名称和主播，用户可以免费收听已有的节目。用户在订阅某档节目后，节目新推出的单集内容一旦发布，就会自动下载到用户的设备中。

近年来，我国兴起了以知识付费为代表的付费音频节目。除了需要付费才能下载收听全部节目外，这类节目还具有详细、完整的节目规划和上线时间安排。因此，其与播客存在着显著的差异。

2．音乐网站

音乐网站上有数量众多的音乐供听众收听，听众可以按不同类别随意地收听自己喜欢的音乐。这种音乐网站又分为两类：一类是非常专业的、分类明确的音乐网站，如网易云音乐等；另一类就是以百度搜索引擎为代表的音乐搜索网站，可以在网站搜索类选项下按不同文件格式或者其他内容进行搜索，在线试听音乐。

3．有声读物

有声读物指有声音的书，也就是人们常说的可以发音的"电子书"。进入21世纪，随着知识、信息获取方式的多元化，尤其是新兴的数字化媒介不断冲击着传统的纸质报刊书籍，社会阅读习惯也在一定程度上发生着改变。有声读物与数字化读物和传统出版物都有交叉和区别，但其具有独特的优势，创造了越来越显著的社会、经济价值。

4．音频直播

音频直播是一种在数字化、网络化、智能化环境下，以声音符号传播为主并兼容其他传播符号的活动。音频直播具有即时交互性、情感性、直播社群化和直播场景化等特征，有着传播效率高、场景限制少、制作成本低、精神认可度高、情感氛围强等优点。近年来，音频直播的市场规模在逐步扩大，用户黏性也在逐步提高。

作为直播产业最重要的形态之一，音频直播的价值也正在被越来越多的人所认知，在喜马拉雅、荔枝等音频平台上线音频直播后，视频直播平台也纷纷入局音频直播。随着AI（Artificial Intelligence，人工智能）、5G等新技术的快速进化和迭代，音频直播产业正在迎来一个前所未有的发展机遇。而随着用户付费意识的觉醒，音频市场的收入规模也在逐年提升。

5．网络电台

网络电台指通过网络流媒体技术，实现传统调频广播电台的实时播放。相比传统广播，新兴网络广播起步较晚，在智能手机和4G普及后才以App的形式迅速崛起，目前占有大量市场。相较于传统广播，网络电台App具有内容可重复、与受众互动渠道广、内容包罗万象、收听工具更加便捷、收听环境限制少、更适合融合传播等优势，这也是网络电台App能够吸引众多年轻上班族的原因。

4.2.3　用Adobe Audition编辑网络音频

　　Adobe Audition是一款非常专业的音频编辑处理软件。在Adobe Audition中，不仅可以导入音频文件来进行制作，也可以直接使用Adobe Audition的录音功能进行录音操作。想要使用录音功能，就需要新建一个多轨会话，新建好以后，就会看到软件界面上出现了多个音频轨道，选择其中任意一个音频轨道，之后单击该轨道上的"R"图标，再单击下方的"录制"按钮，即可进行录制，如图4-37所示。

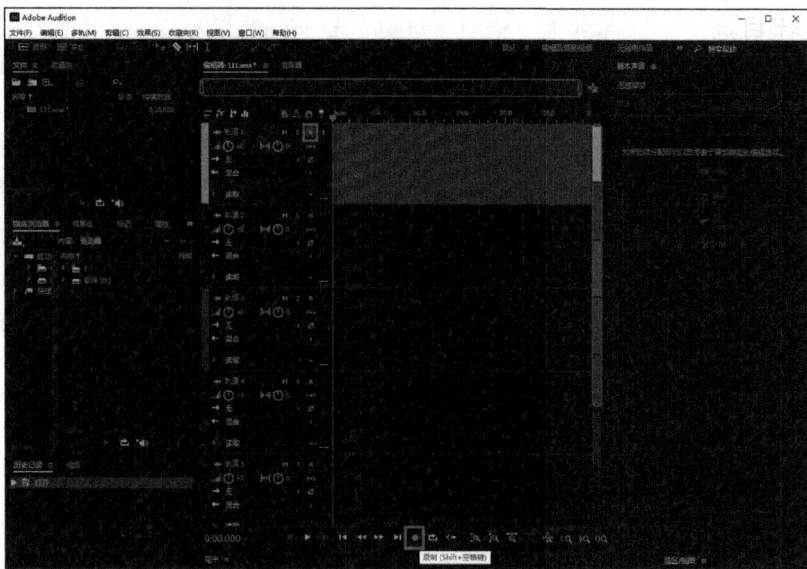

图4-37　单击"录制"按钮进行录制（1）

　　下面使用Adobe Audition录制声音，具体操作步骤如下。

　　（1）双击打开Adobe Audition，选择"文件"→"新建"→"多轨会话"命令，如图4-38所示。

　　（2）在弹出的"新建多轨会话"对话框中可以设置会话名称，之后单击"确定"按钮，如图4-39所示。

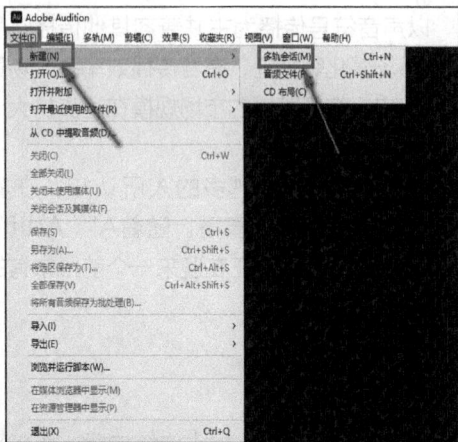

图4-38　选择"文件"→"新建"→"多轨会话"命令

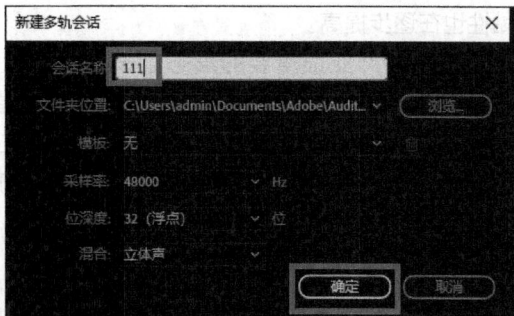

图4-39　设置会话名称

（3）新建好多轨会话之后，界面中就会出现多个音频轨道。如果想执行录音操作，那么选择其中任意一个音频轨道，然后单击该轨道上的"R"图标，如图4-40所示。

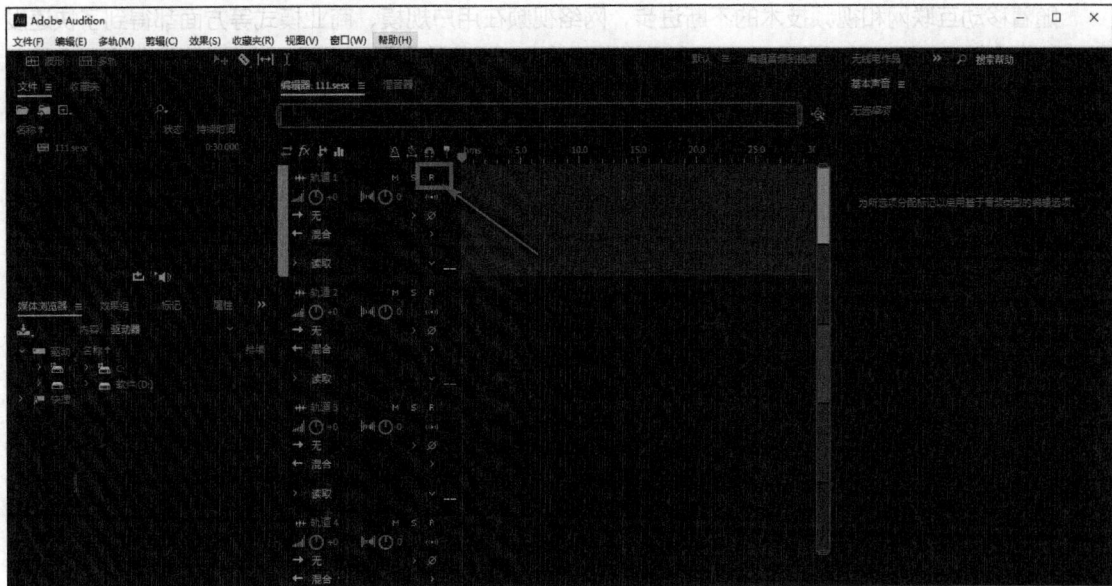

图4-40　单击该轨道上的"R"图标

（4）单击"R"图标之后，该图标就会变成红色，然后下方会出现一些与录制功能有关的按钮，单击下方的"录制"按钮即可进行录制，如图4-41所示。录制完成之后，将该文件导出并保存在计算机中就可以了。

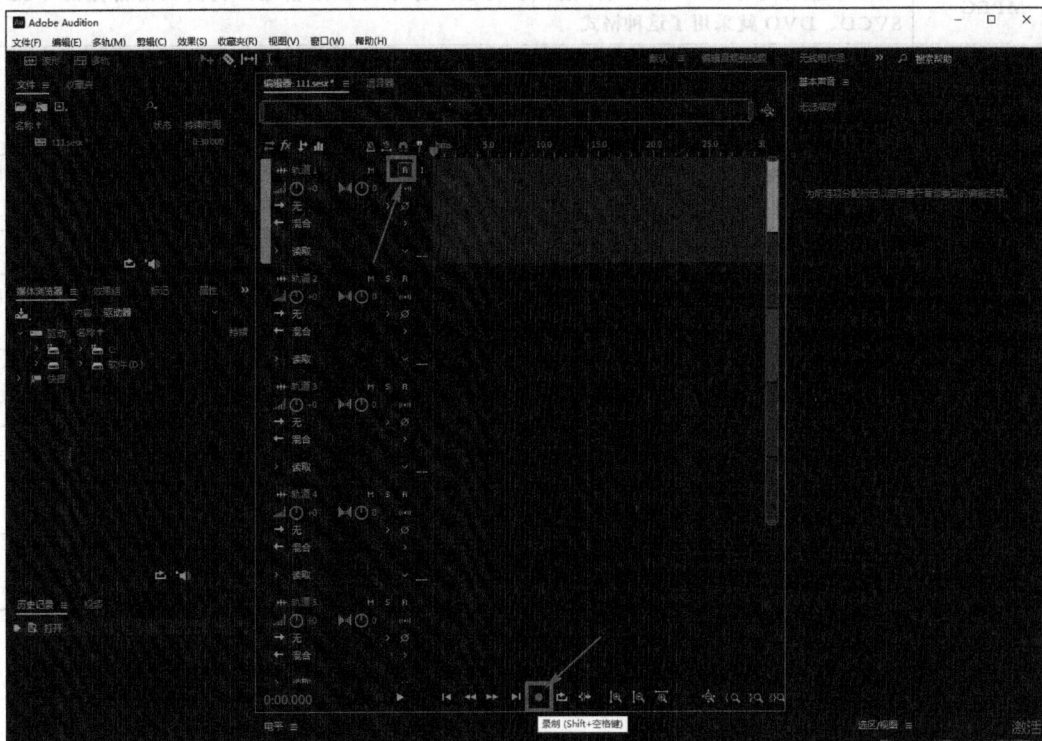

图4-41　单击"录制"按钮进行录制（2）

4.3 网络视频编辑

随着移动互联网和视频技术的不断进步，网络视频在用户规模、商业模式等方面都得到了快速发展。网络视频凭借强大的社会影响力和市场渠道覆盖率，不仅给人们的生活、工作、学习带来了方便，还给运营者带来了直接的销售变现的机会。

课堂讨论

网络视频的常见格式有哪些？我国网络视频的主要类别有哪些？尝试从百度搜索常见的视频网站并分析它们各自的特点。

4.3.1 网络视频的常见格式及特点

经常在网上观看和下载视频的用户肯定不会对AVI、MPEG、MOV、MP4等视频格式感到陌生，可还是有不少用户不知道这些视频格式及其特点，本小节将介绍常见的网络视频格式及特点，如表4-3所示。

表4-3 网络视频的常见格式及特点

格式	特点
AVI	AVI格式由美国微软公司发布，使用便利，图像质量高，压缩标准可任意选择，支持跨多个平台使用，但其缺点是文件体积过于庞大。AVI格式允许视频和音频交错在一起同步播放，是应用最广泛、历史最悠久的视频格式之一
MPEG	MPEG格式是有损压缩格式，减少了动态图像中的冗余信息。我们以前常见的VCD、SVCD、DVD就采用了这种格式
MOV	MOV格式源于苹果公司Mac计算机上的图像视频处理软件QuickTime。MOV格式具有较高的压缩比和较好的视频清晰度，其最大的特点是跨平台性，不仅支持在苹果公司的macOS上使用，而且支持在Windows操作系统上使用
MP4	MP4格式的视频音质更加完美且压缩比更高，增加了对立体声的完美再现、多媒体控制、降噪等特性，音频在压缩后仍能完美再现CD音质
ASF	ASF视频可以在互联网中以即时观看的视频流格式存在，图像质量略低于MPEG格式
NAVI	NAVI格式是去掉了视频流特性的改良型ASF，即非网络版本的ASF，大幅提高了ASF视频的清晰度
WMV	WMV格式为可扩充的媒体格式，该格式的视频可在本地或网络上回放。WMV格式具有支持多语言、扩展性强等优点
FLV	FLV格式的文件极小，加载速度极快，使得在网络上观看视频成为可能，有效解决了视频导入Flash后过大及不能在网络中很好播放的问题。FLV格式成为当今主流的视频格式。目前，几乎所有全球热门的在线视频网站都采用了FLV格式
QSV	QSV格式是爱奇艺公司研发的视频加速格式，该格式的视频只能使用爱奇艺万能播放器播放，不能使用常规格式转换软件进行转换

4.3.2 网络视频的类别

网络视频已经从"桌面时代"过渡到"多屏时代"，其播放平台由单一的台式计算机平台发展为手机、平板电脑、电视、投影大屏、电影超大屏等各类播放平台。依据视频内容来源，网络视频可以分为网络影视剧、网络综艺、网络直播和网络短视频等。

1．网络影视剧

不同于电视，网络影视剧依托于计算机、智能手机等，通过互联网等新兴技术的承载和支持，在网络中的传播有着独特的优势。同时，网络影视剧还具备不受时间、地域和空间限制的传播特点，只要是在网络上可以搜索到的影视剧，用户就可以在任何时间观看。网络传播的广泛性使受众不必拘束在电影院或有电视的地方。

网络影视剧资源丰富。网络媒介的出现"缩短了世界的距离"，使得影视剧的传播范围大大拓宽，以及使得交流平台的数量大大增加。中外影视作品及其相应的动态信息都可以通过互联网得到更加便捷的交流与传播，网络以其开放的姿态积极吸纳并展示着世界各国的影视文化信息。

2．网络综艺

广义上的网络综艺可以理解为在网络平台上播出的综艺节目。如今所说的网络综艺更多指的是狭义上的由网络平台或制作机构自制、在网络平台首播的综艺节目。就类型而言，可将网络综艺分为真人秀、纪实类、脱口秀三大类。

3．网络直播

传统意义上的直播是指与事件本身同步进行的广播、电视直接播出方式，如以电视或广播平台为载体的体育比赛直播、文艺活动直播、新闻事件直播等。随着互联网技术的发展，尤其是移动互联网速度的提升和智能手机的普及，基于互联网的直播形式出现了。用户以某个直播平台为载体，利用摄像头记录某个事件的发生、发展进程，并在网络上实时呈现，其他用户在相应的直播平台上能直接观看并进行实时互动。

当前人们所说的直播多数情况下是指网络直播。直播属于社交网络服务的一种，通过真实、生动的画面，营造出强烈的现场感，达成让人印象深刻、记忆持久的传播效果。相比其他的信息传播方式，网络直播的实时性、交互性、开放性更强，能够与各个行业结合，有助于主播迅速与用户建立强信任关系，形成粉丝社群；同时，网络直播也更加契合互联网移动化、碎片化的趋势，能够承载多种商业模式。

主流的直播平台有抖音、快手、小红书等。由于近几年短视频的火爆，短视频平台的用户数量大大增加，日活跃用户数量暴涨，所以抖音、快手等也开始搭建自己的直播平台。在抖音、快手等平台上，优质的短视频内容能为直播带来精准流量，有利于直播营销的顺利进行。

4．网络短视频

短视频是一种视频长度以秒计算，并且主要依托移动智能终端实现快速拍摄和编辑，可在社交媒体平台上实时分享的新型视频形式。不同于文字、图片等单一的内容形式，短视频融合了文字、声音和视频，使用户接收的内容更加生动、立体。在新媒体时代，短视频是比较热门的互联网内容传播方式，其凭借个性化等突出特点吸引了大批年轻用户。

按照生产方式，短视频可以分为UGC、PGC和PUGC这3种类型。

UGC，全称为User Generated Content，指用户生成内容。此处的"用户"专指普通用户，即非专业个人生产者。UGC运营得好，不仅能节省很多内容产出成本，而且能使内容更接近用户群体，引起用户群体的共鸣。UGC具有产出数量大、内容质量参差不齐、商业价值不高的特点。

PGC，全称为Professional Generated Content，指专业生成内容。PGC通常独立于短视频平台，旨在为用户提供更专业的内容，以吸引更广泛的潜在用户的关注。

PUGC，全称为Professional User Generated Content，指专业用户生成内容。此处的"专业用户"指拥有用户基础的"网红"，或者拥有某一领域专业知识的意见领袖。其优势在于既具有UGC的广度，又能通过PGC产生的专业化内容更好地吸引、沉淀用户。

4.3.3　编辑网络视频

编辑网络视频的首要目的是对视频素材进行筛选和组合，得到更加满意的效果；其次是区分出有用和没用的视频素材，以及哪些是可以通过技巧进行处理和提升的素材。对视频进行编辑是为了通过技巧将不合理的部分合理化。编辑的位置和技巧要通过镜头进行选择，同时要恰当地运用声音、画面、特效等技巧。

虽然现在很多短视频平台都有编辑功能，但是利用这些短视频平台自带的编辑功能制作出的效果不如利用专业剪辑软件制作出的效果好。在PC（Personal Computer，个人计算机）端可以使用快剪辑、Premiere等软件剪辑短视频，在手机端可以使用剪映、快影、巧影等App剪辑短视频，这些App的功能都非常全面，也非常适合新手使用。

技能实训1——使用剪映剪辑短视频

使用剪映的编辑工具可以对主视频轨道、画中画视频轨道中的视频进行一些编辑操作，如旋转视频、镜像视频和裁剪视频等。

（1）选中一段视频素材或视频片段，在"剪辑"界面底部工具栏中左右滑动，找到并点击"编辑"按钮，如图4-42所示，打开图4-43所示的编辑界面。

（2）点击"旋转"按钮，视频画面即可自动顺时针旋转90°，效果如图4-44所示。

4-3　技能实训1
——使用剪映剪辑短视频

图4-42　点击"编辑"按钮　　　图4-43　编辑界面　　　图4-44　点击"旋转"按钮

（3）点击"镜像"按钮，视频画面即可自动翻转，效果如图4-45所示。

（4）点击"裁剪"按钮，将打开图4-46所示的界面，拖曳视频四周的白色线框可自由裁剪画面。

（5）编辑好后，点击右上角的"导出"按钮即可导出视频，效果如图4-47所示。

| 图4-45 点击"镜像"按钮 | 图4-46 裁剪画面 | 图4-47 点击"导出"按钮 |

技能实训 2——使用快剪辑制作短视频

使用快剪辑导入与编辑视频，具体操作步骤如下。

（1）启动快剪辑，单击"专业模式"按钮，如图4-48所示。

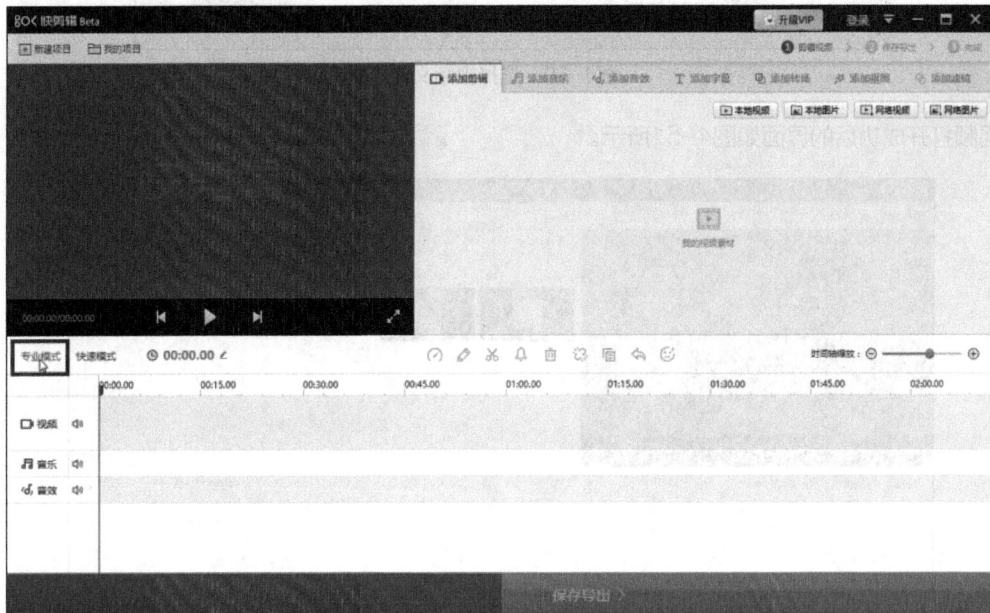

图4-48 单击"专业模式"按钮

（2）单击右上方的"本地视频"按钮，如图4-49所示。

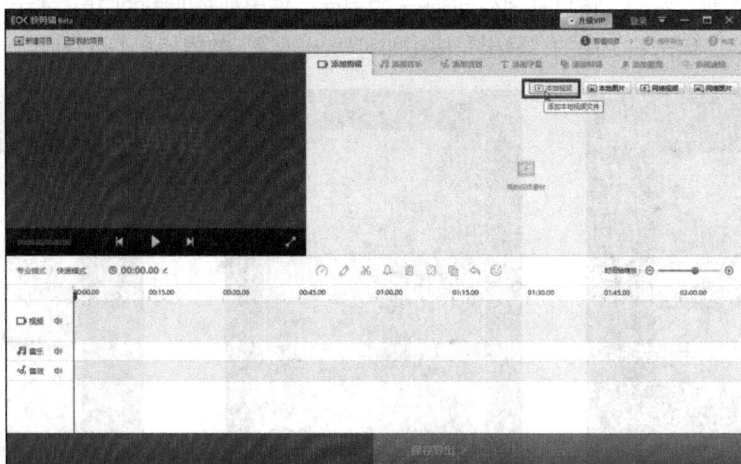

图4-49　单击"本地视频"按钮

（3）在弹出的"打开"对话框中选中要导入的视频文件，单击"打开"按钮，如图4-50所示。

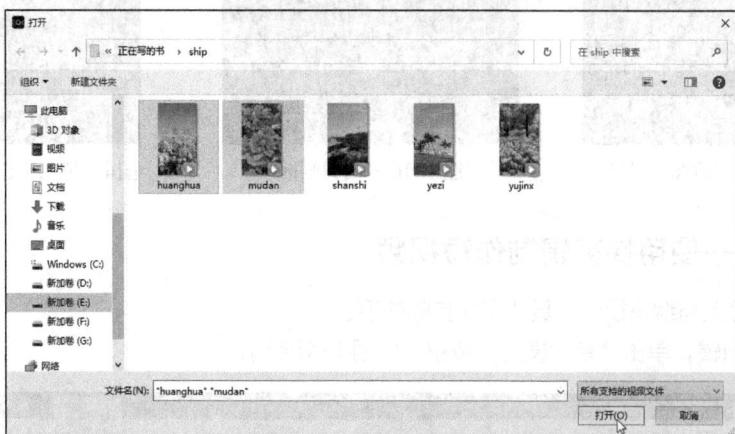

图4-50　选择视频文件

视频打开成功后的界面如图4-51所示。

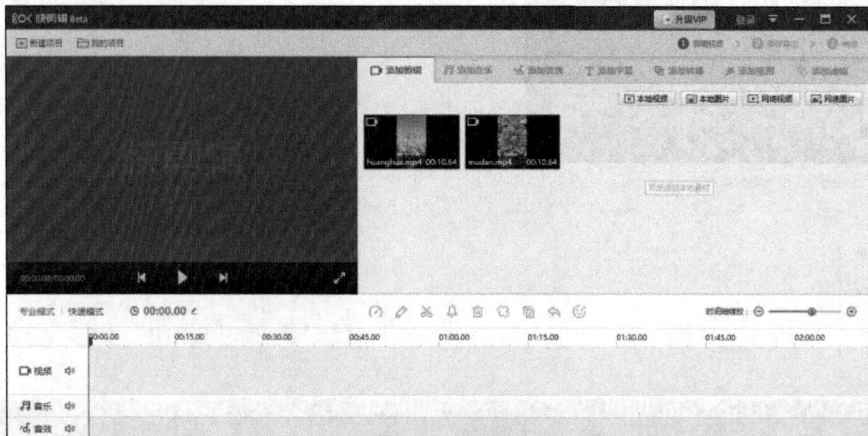

图4-51　视频打开成功后的界面

（4）将视频依次拖至下方时间轴中的"视频"轨道上，如图4-52所示。

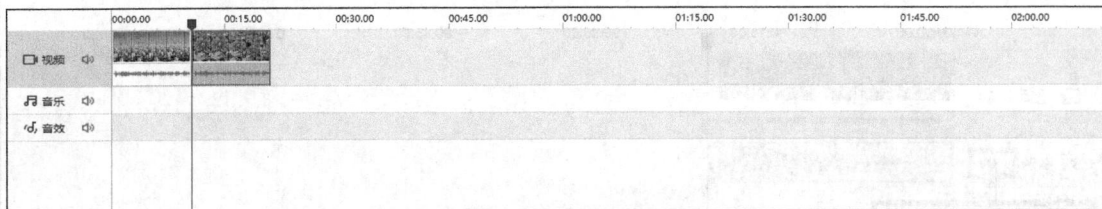

图4-52　将视频拖至视频轨道上

（5）打开"添加音乐"选项卡，找到所需的音乐后，单击其右侧的"+"按钮以添加音乐，如图4-53所示。

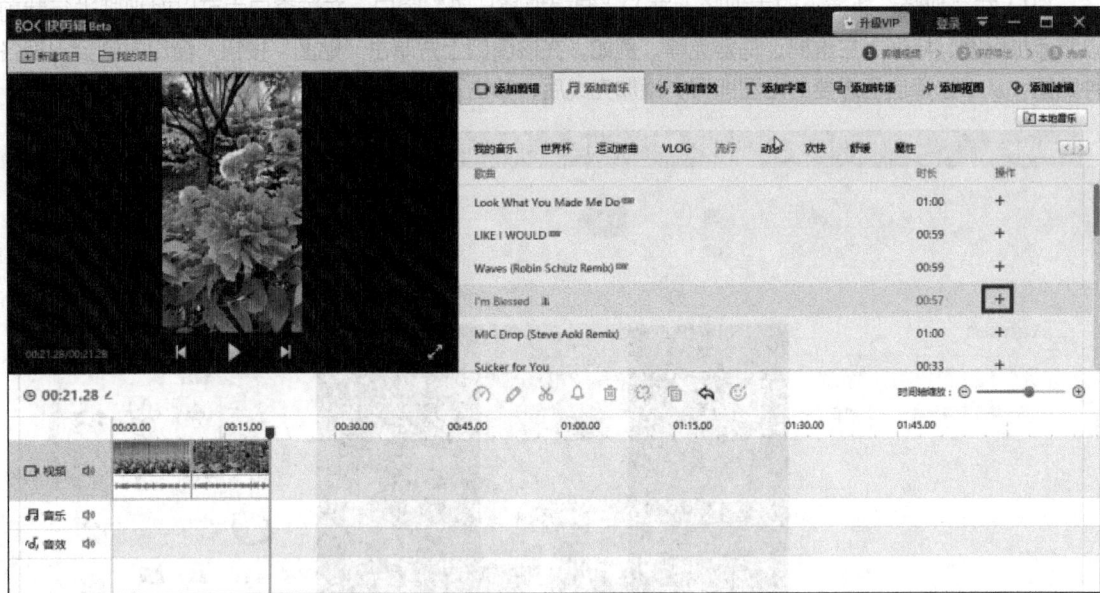

图4-53　添加音乐

（6）在"音乐"轨道上调整音频的位置，可通过拖曳音频两侧的滑块来调整音频的起点和终点位置，如图4-54所示。

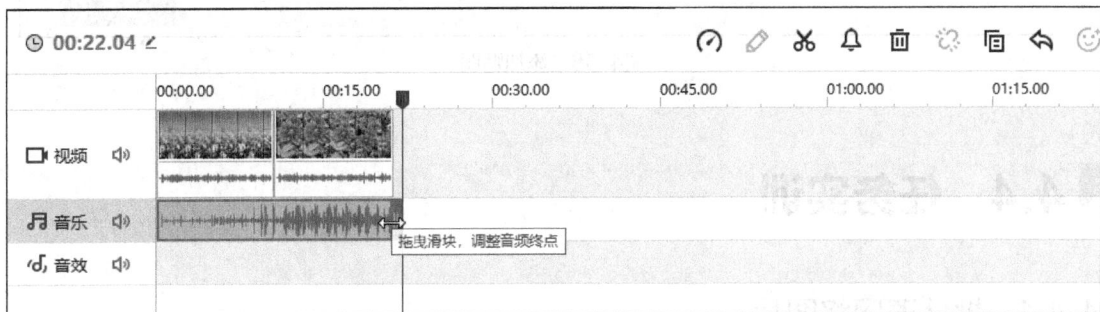

图4-54　调整音频的位置

（7）单击"音乐"轨道最左侧的小喇叭图标 ◁》，在弹出的面板中拖曳滑块可以调整音量，如图4-55所示。

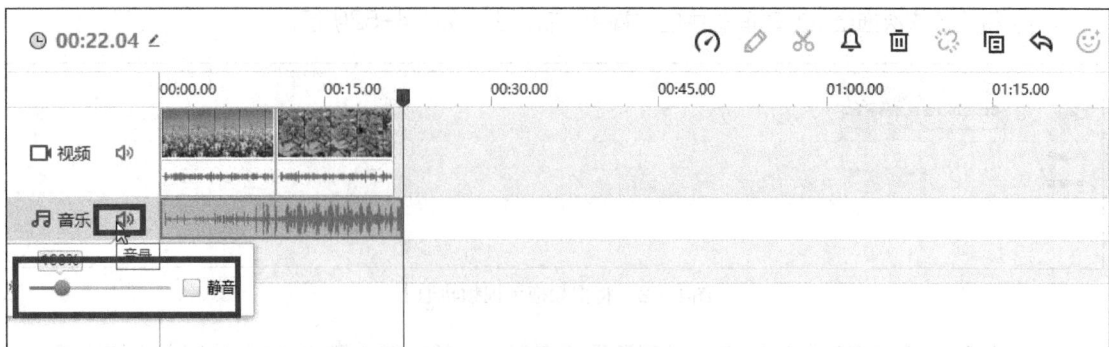
图4-55　调整音量

（8）在"视频"轨道上双击视频，进入"编辑视频片段"窗口。在该窗口中可以对视频进行裁剪以及添加贴图、标记、二维码、马赛克等。例如，在该窗口上方单击"贴图"按钮，窗口右侧会出现各种贴图，从中选择自己想要的贴图即可，添加完成后，单击"完成"按钮，如图4-56所示。

图4-56　添加贴图

4.4　任务实训

4.4.1　批处理网络图片

在编辑与处理网络图片时，常常要处理几十张甚至上千张图片，在这个过程中，打开、调整、保存图片都会浪费很多时间和精力。针对这种情况，网络编辑人员可以使用Photoshop对网络图片进行批处理。

【实训目标】

（1）网络图片的处理与编辑。

（2）用Photoshop批处理图片。

【实训内容】

（1）使用Photoshop打开需要编辑的网络图片，如图4-57所示。

（2）选择"窗口"→"动作"命令，打开"动作"面板，单击该面板右下方的"创建新动作"按钮，如图4-58所示。

图4-57　打开图片

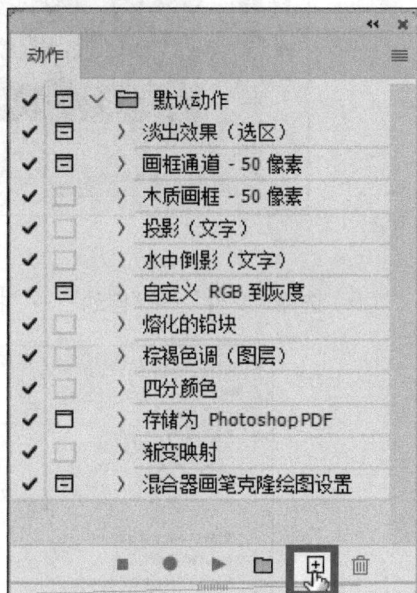

图4-58　"动作"面板

（3）在弹出的"新建动作"对话框中单击"记录"按钮，如图4-59所示，新建"动作1"，如图4-60所示。

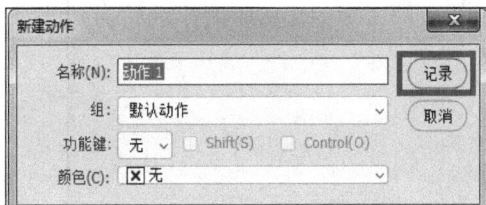

图4-59　"新建动作"对话框

图4-60　新建"动作1"

（4）调整图片的大小，然后单击"动作"面板左下方的"停止播放/记录"按钮，停止记录，如图4-61所示。

图4-61　停止记录

（5）选择"文件"→"自动"→"批处理"命令，弹出"批处理"对话框，如图4-62所示。

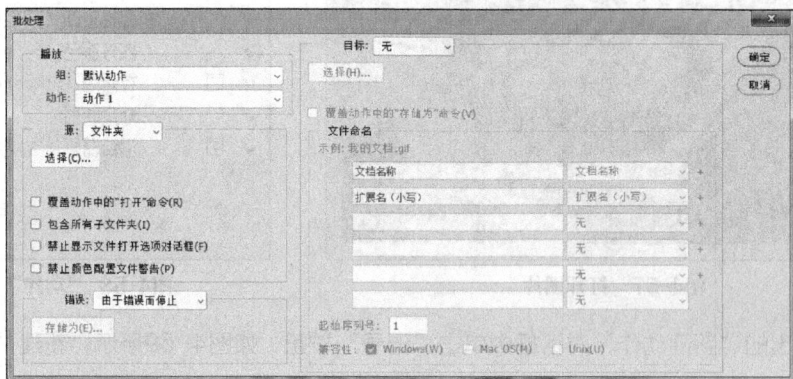

图4-62　"批处理"对话框

（6）单击"源"区域中的"选择"按钮，在打开的"浏览文件夹"对话框中选择图片所在的位置。选择好后，效果如图4-63所示。

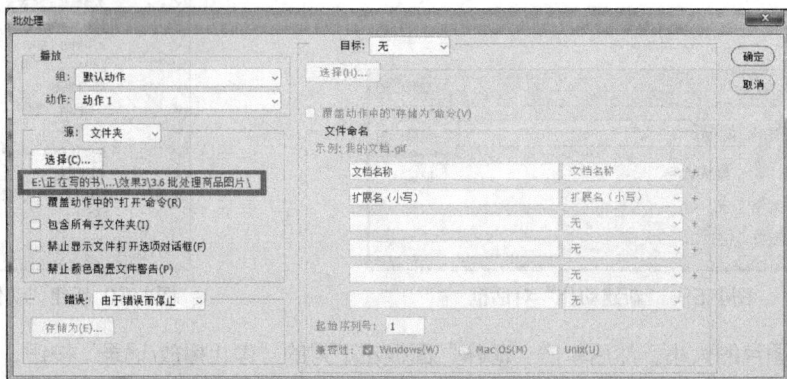

图4-63　选择图片所在的位置

（7）单击"确定"按钮，即可打开文件夹中所有的图片进行大小处理，如图4-64和图4-65所示。

图4-64 图片示例1

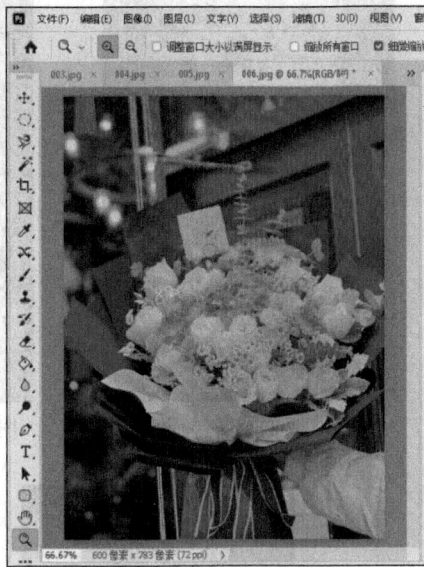

图4-65 图片示例2

4.4.2 给短视频添加音频素材

本任务介绍如何使用剪映在短视频中添加音频素材，包括添加音乐、添加音效等。

4-4 给短视频
添加音频素材

【实训目标】

（1）使用剪映添加音乐。
（2）使用剪映添加音效。

【实训内容】

1. 添加音乐

使用剪映给短视频添加音乐的具体操作步骤如下。

（1）将素材添加到时间轴后，点击底部工具栏中的"音频"按钮，如图4-66所示，显示"音频"二级工具栏，点击"音乐"按钮，如图4-67所示。显示"音乐"界面，该界面提供了丰富的音乐类型可供用户选择，如图4-68所示。

（2）"音乐"界面的下方还为用户推荐了一些音乐，用户只需要点击相应的音乐名称，即可试听该音乐，如图4-69所示。

（3）对于喜欢的音乐，用户只需要点击该音乐右侧的"收藏"图标 ，即可将该音乐加入"收藏"选项卡中，便于下次能够快速找到该音乐，如图4-70所示。

（4）"抖音收藏"选项卡中同步显示的是用户"抖音"音乐库中所收藏的音乐，如图4-71所示。"导入音乐"选项卡中包含3种导入音乐的方式，即"链接下载""提取音乐""本地音乐"，如图4-72所示。

图4-66 点击"音频"按钮

图4-67 点击"音乐"按钮

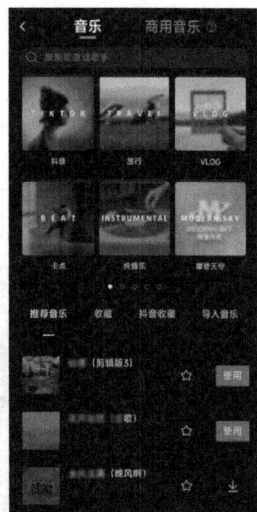

图4-68 "音乐"界面

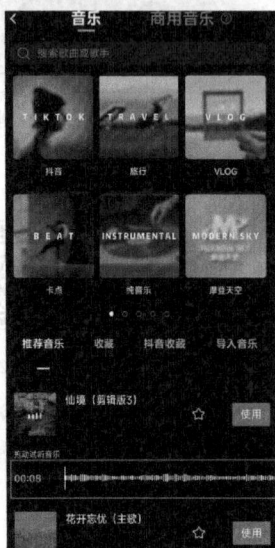

图4-69 试听音乐

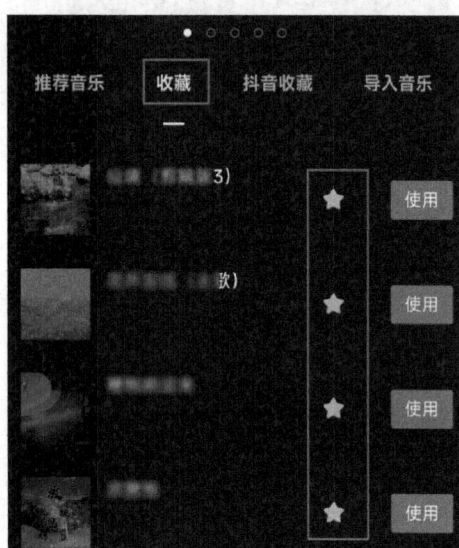

图4-70 收藏音乐

图4-71 "抖音收藏"选项卡

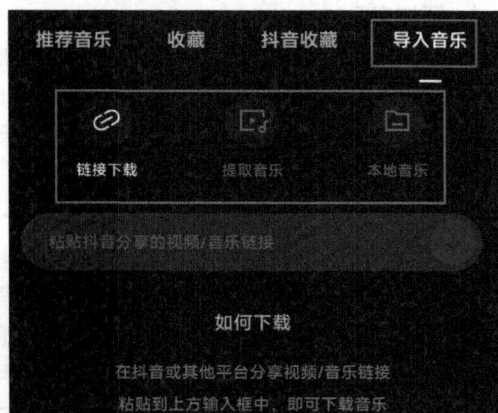

图4-72 "导入音乐"选项卡

2. 添加音效

使用剪映给短视频添加音效的具体操作步骤如下。

（1）在"剪辑"界面中点击底部工具栏中的"音效"按钮，如图4-73所示。界面底部会弹出音效选择列表，如图4-74所示。

（2）点击需要使用的音效名称，系统会自动下载并播放该音效。点击音效右侧的"使用"按钮，即可使用所下载的音效，且音效会自动添加到当前所编辑的视频素材的下方。

图4-73　点击"音效"按钮

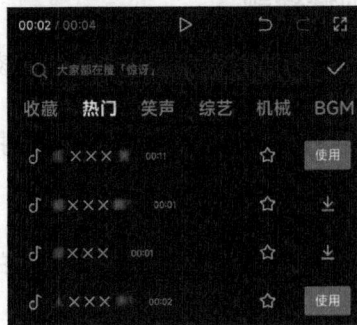

图4-74　音效选择列表

（3）点击底部工具栏中的"音量"按钮，如图4-75所示，界面底部会显示音量设置的滑块，默认音量为100%。

（4）根据需要设置合适的音量大小，如图4-76所示。

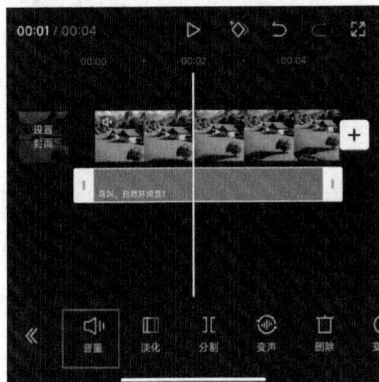

图4-75　点击"音量"按钮

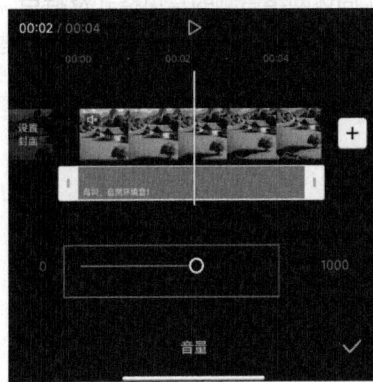

图4-76　设置音量大小

4.5　知识巩固训练

1. 名词解释

网络音频　　网络视频

2. 单项选择题

（1）（　　　）即图形交换格式，该格式的文件最多可使用256种颜色。

A. GIF　　　　　　　B. JPEG　　　　　　　C. PNG　　　　　　　D. BMP

（2）（　　）是CD类音乐光盘中的文件格式，也是音质最好的音频文件格式之一。

A．WAV格式　　　　B．CDA格式　　　　　C．RM/RA格式　　　　D．WMA格式

（3）（　　）的文件极小，加载速度极快，使得在网络上观看视频成为可能。该格式成为当今主流的视频格式。

A．FLV格式　　　　B．MOV格式　　　　　C．MP4格式　　　　　D．MPEG格式

3．多项选择题

（1）下面的（　　）属于网络图片的获取渠道。

A．专业图片网　　　　B．搜索引擎　　　　C．网站图片频道　　　　D．其他渠道

（2）目前我国网络音频的主要类别包括（　　）。

A．音频节目　　　　　　　　　　　　B．音乐网站

C．有声读物　　　　　　　　　　　　D．音频直播及网络电台

（3）按照生产方式，短视频可以包括的类型有（　　）。

A．UGC　　　　　　B．PGC　　　　　　C．PUGC　　　　　D．网络直播

4．思考题

（1）网络图片的常见格式有哪些？

（2）简述裁剪图片的工作流程。

（3）简述网络音频的常见格式及特点。

（4）网络视频的常见格式及特点有哪些？

第**5**章

网络原创信息编辑

学习目标

知识目标	☑ 熟悉网络原创信息的定义、意义及形式。 ☑ 熟悉软文标题和软文的类型。
技能目标	☑ 掌握不同的新媒体平台原创信息的编辑 　方法。 ☑ 掌握软文的写作方法。 ☑ 掌握网络调查的方法。
素养目标	☑ 依法保护原创作品著作权。

在担任一段时间的网络编辑后，小李被调去担任网络新闻记者。小李第一天的工作就是撰写一篇新闻稿，主编要求其在规定时间内完成相关内容的采集和写作工作，而后交给编辑部门进行编辑、审核。本次任务主要是运用各种采访方法采集新闻原创内容，并撰写适合网络传播的稿件。网络媒体除了转载传统媒体的新闻信息之外，必须要有自己的原创内容。

通过对热门网络文章的分析可以看出，这些热门文章因为原创能为网站"粘住"大量的用户，而且对树立网站品牌形象和提高网站可信度大有益处。在网站发布的信息中，是否具有以及具有多少富有冲击力和渗透力的原创信息内容至关重要。网络原创信息是指并非转载传统媒体或其他网络媒体的信息。一个媒体网站如果仅仅是进行信息的搬运工作，不可能占据"网络之战"的制高点。而这种原创信息的意义主要表现在有助于提升网站的品牌影响力，有助于吸引和稳定用户，有助于网站从众多竞争对手中脱颖而出。

思考：

1. 什么是网络原创信息？
2. 网络原创信息的重要性有哪些？

在互联网时代，内容至关重要。在如今这个网络平台不断发展，从事新媒体行业的人不断增多的年代，用户对于网络信息内容的要求也逐渐开始提高，各网络平台也加大了对原创内容的重视力度。从一定程度上来讲，网络内容质量是吸引用户最为重要的砝码，它决定了粉丝量和阅读量以及网络平台能否在竞争激烈的互联网中生存下去。实践证明，在网站平台发布原创内容，该内容再被其他网站不断转载，搜索引擎就会给予网站不错的权重，证明网站的内容是受很多人喜欢的。

5.1 网络原创信息概述

原创内容越多的网站往往越能受到搜索引擎的欢迎。网站内容质量的高低决定着网站的好坏，网站只有提供更加优质的原创内容才能留住更多的用户。

（1）浏览新浪网、新华网某一天的新闻信息，分析比较它们采集信息进行内容创作的方式。网络原创信息的形式有哪些？

（2）浏览网络原创文学网站，分析网络原创文学有哪些特点。

5.1.1 网络原创信息的定义和意义

网络原创信息是指除转载传统媒体或其他网络媒体的信息之外，网络编辑根据网站的主体形象和用户的需求，对信息进行整合、提炼等再次加工后得到的信息。网络原创信息对网站来说具有如下意义。

（1）原创信息有助于提升网站的品牌影响力

品牌影响力对网站来说是一种资源与力量的整合。而品牌的价值在于它的与众不同，在于不断创新。所以，原创信息是提升网站品牌影响力最有效的途径之一。

（2）原创信息是各平台扶持的对象

各平台对于原创信息的重视是显而易见的。例如，头条号注重对原创视频内容的扶持。对平台来说，它们都希望有优质的媒体人入驻。

（3）原创信息有助于吸引和稳定用户

用户需要的是有价值的信息，他们对于千篇一律、没有实际内容的网页并无兴趣。唯有持续不断地输出原创信息才能促使用户访问网站。优秀、丰富的原创信息能吸引忠诚的用户群体，用户群体的增大反过来会使原创信息作者受到鼓励，进一步生产更多、更丰富的原创信息。这将使网站进入一个良性的循环。

（4）原创信息能够避免抄袭导致的侵权问题

抄袭他人内容可能会造成侵权问题，一旦涉及侵权，对自己或是对平台来说都是一件得不偿失的事情，不仅会失去用户的信任，还会对自己的名誉产生影响。

> 📖 **知识链接**
>
> 　　什么样的内容才算高质量的原创内容？一方面，文章本身具备可读性，逻辑完整，结构清晰，语言流畅，思维活跃，甚至还有创新点或者亮点。另一方面，文章可以用标准去衡量，即用户能够阅读，阅读之后有所收获、有所思考、有所发散，愿意与作者互动，愿意为这篇文章做一个简单的评价，愿意转发这篇文章。

5.1.2　网络原创信息的形式

网络原创信息的形式主要有网络原创新闻、网络原创文学、博客、微博、微信文章、抖音短视频等。

1. 网络原创新闻

原创新闻强调的是深入现场及具有生活气息。客观公正、不掺杂私人感情是对记者的基本要求。对新闻信息进行改写、加工就是一种再创造，从而使新闻具有了原创性。

网站发布原创新闻，一是为了讲述新闻事实，二是为了提高网站自身的名气。

原创性是新闻的根本和生命力所在。纸质媒体要求记者贴近实际、贴近生活、贴近群众，追求第一落点，深入第一现场，获得第一手材料；而网络原创新闻的实现途径则更多，主要包括网络新闻记者自己采访和写作，以及通过整合新闻资源，重新编辑加工。

2. 网络原创文学

广义的原创文学是指在网络上传播的文学作品；狭义的原创文学是指在互联网中的论坛首发，并在互联网上流传，同时不断得到用户反馈，可以随时修改内容的文学作品。这种作品与先在纸上完成，然后录入计算机并上传到网上的作品不同，它可以在上传之后继续修改。

比较知名的网络原创文学网站主要有以下几个。

（1）榕树下网站

榕树下网站的首页如图5-1所示。榕树下网站坚持"文学是大众的文学"，倡导"生活·感受·随想"的理念，使文学通过网络这一快捷的载体真正成为大众的文学，也使许多文学爱好者圆了文学梦，其内容涵盖小说、散文、诗歌及网友作品集等。

图5-1　榕树下网站的首页

（2）起点中文网

作为我国较早推出付费阅读模式的原创文学网站，起点中文网如今已是业内翘楚，其首页如图5-2所示。起点中文网作为我国文学阅读与写作平台之一，已经成为目前我国领先的原创文学门户网站，并创立了以"起点中文"为代表的原创文学领导品牌。起点中文网共有玄幻、武侠、都市、历史、游戏、科幻等不同风格的原创小说供广大小说阅读爱好者阅读。

图5-2　起点中文网的首页

（3）红袖添香

红袖添香是原创网络女性文学特色网站，涵盖小说、散文、杂文、诗歌、歌词、剧本、日记等体裁，是目前中文网络创作体裁比较全面的文学网站，已加入了中国互联网协会行业自律工作委员会网络版权联盟。红袖添香网站的首页如图5-3所示。

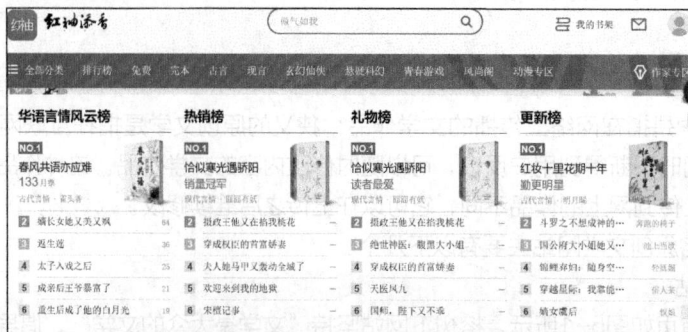

图5-3　红袖添香网站的首页

3．博客

博客是一种具有代表性的网络原创内容形式，其突出特点是客观记录或报道。通过博客，网民不仅可以自由发表自己的独到见解，还可以借助丰富的网络资源来展现自己的能力水平。

博客营销最重要的就是博客文章内容的创作，一篇好的文章是用户能够将博客认真看下去的必要条件，也是传达作者理念和使博客营销效果最大化必须具备的东西。在利用博客文章进行营销的过程中，作者可以尝试系列化的文章写作，即让用户像看电视连续剧一样，通过故事情节的发展跟着文章走，如图5-4所示。

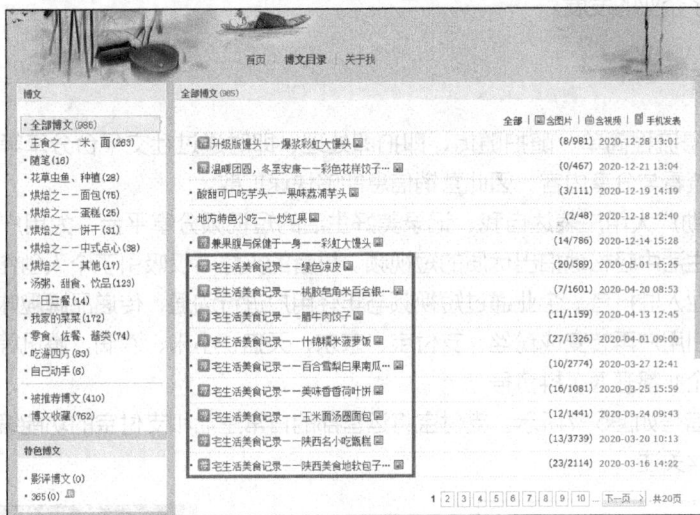

图5-4　系列化的文章

4．微博

微博即微型博客的简称，是从博客衍生出来的网络内容传播形式，是一种通过关注机制分享简短实时信息的广播式社交网络平台，是一个基于用户关系分享、传播以及获取信息的平台。

微博作为一种分享和交流平台，其更注重时效性和随意性。微博的内容限定在140字以内，内容简短，无须长篇大论，门槛较低，适用于表达当下的思想和最新动态，因此受到广大用户的喜爱。图5-5所示为利用微博推广商品。

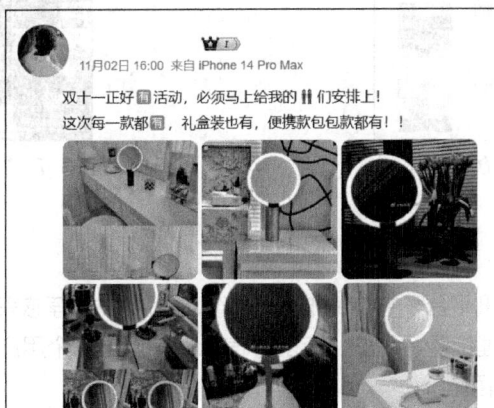

图5-5　利用微博推广商品

5. 微信文章

微信文章是指利用微信平台进行传播与推广的朋友圈原创文字与公众号文章，文章中可以插入文字、图片、音频、视频等多媒体信息。朋友圈原创文字可以随时表达心情，具有即时性与随意性，符合当下人们沟通方式的偏好；公众号文章没有字数限制，可以运用多媒体信息，因此能够传递更有深度的内容，同时可充分展示文章的内容。微信公众号文章如图5-6所示。

随着微信公众号平台功能的不断完善及技术的提升，微信营销成为企业竞相角逐的新领地。尤其对服务行业而言，微信营销不仅为企业拓展了新的营销渠道，节约了推广成本，还提升了用户线上线下的互动体验，推动了企业的发展。

6. 抖音短视频

短视频具有拍摄流程简单、随拍随传、即拍即处理、即时通过社交平台分享等特点。它的时长较短，用户可以快速查看与分享内容，因此营销信息能够快速扩散。

抖音是一个帮助广大用户表达自我、记录美好生活的短视频分享平台，为用户创造了丰富多样的玩法，可让用户在生活中轻松地拍出优质的短视频。抖音的火爆不仅吸引了个人创作者入驻抖音，也吸引了越来越多的企业入驻抖音。企业通过短视频与年轻用户进行沟通，传递品牌趣味性、实用性、娱乐性的一面，从而吸引用户再转变成粉丝。支付宝、京东、天猫、小米、滴滴、腾讯等已经开始了抖音运营，甚至连传统的企业都开通了抖音号。

"支付宝"抖音号如图5-7所示。支付宝将运营部的日常生活和支付宝的功能编辑成段子放在抖音上，吸引了不少粉丝关注。

图5-6 微信公众号文章

图5-7 "支付宝"抖音号

7. 今日头条

今日头条是一个信息资讯平台，它借助推荐引擎算法为用户推荐感兴趣的内容。它根据每个用户的社交行为、阅读行为、地理位置、职业、年龄等信息，挖掘出每个用户的兴趣点，再进行个性化推荐。图5-8所示为今日头条首页。

今日头条作为我国常见的信息平台之一，每天吸引着数以亿计的用户。对企业来说，如果能够在今日头条上进行有效的营销，将会带来巨大的商机。

今日头条更加注重内容的质量。优质的内容将更容易被推荐给用户，因此企业在进行营销时需要注重提供有价值的内容。企业需要了解用户的兴趣和需求，并有针对性地提供相关内容，以吸引用户阅读和关注。

8．小红书

小红书是"种草"平台，具有很强大的社交"种草"和发布笔记的"基因"，主要以图片和照片的形式记录生活和分享日常。所谓"种草"，就是用户与他人分享，使他人对商品、景区、电视剧、电影等的消费体验有一定的了解，然后再进行消费。小红书用户看到"种草"内容后产生了需求，并且知道了某个品牌，然后决定选择这个品牌，直到最后下单，形成闭环。"种草"是小红书最常见、最基本的内容分享方式之一。小红书以前承载着许多"种草"环节，加入直播功能后，可以直接形成从"种草"到"拔草"的闭环。图5-9所示为小红书平台。

图5-8　今日头条首页

图5-9　小红书平台

> **素养提升**
>
> 在互联网环境下，无论是作者、机构还是公司都要有防风险意识，及时保护好自己的原创成果。设计师小王是一名新人画手，平时喜欢在互联网上分享自己的设计作品。一天，她在某电商平台上购物时发现，一个店铺把她的一个设计作品印在了T恤上，并且这款商品的销量还非常可观，但关键是这家店从未找到小王进行沟通合作，而是直接把她的原创作品拿来商用。发现自己被侵权后，小王找到了商家想要维权，但经过双方反复沟通后，商家不仅不下架该商品，还以小王无法证明自己是原创者为由拉黑了小王。
>
> 可怕的是，小王发现不只这个店铺用了她的原创作品，某公司网站上、手机壳上、素材网上都出现了她的多个原创作品……
>
> 做好原创作品权属关系确权是发布作品前的重要一环。我们只有提前完成作品权属关系的留证，证明自己是作品的原创者，作品的发布、流通才更有保障。
>
> 对原创作品的保护有两种：版权登记和区块链存证。原创者们要增强保护意识，在创作作品的过程中，或者创作完成后，对作品及时确权。

5.2 新媒体平台原创信息编辑

可以发布原创信息的新媒体平台主要包括微信、微博、今日头条、抖音、小红书等。这些平台都有各自的特点，吸引了大量的用户和创作者。要想在新媒体时代脱颖而出，获得用户的关注和认可，需要选择适合自己的平台，并且提供高质量的原创内容。

> **课堂讨论**
>
> （1）浏览微博中的名人博客，体会网络原创信息中微博信息的写作要求和排版特点。
> （2）浏览微信、今日头条、抖音短视频、小红书等平台，发掘这些平台原创信息的写作和发布技巧。

5.2.1 微信信息编辑

通过微信，网络编辑人员可以发布文字、图片、音频和视频等多种形式的内容，能够进一步引导用户进行消费。商家通过微信文案进行营销不仅可以降低营销成本，还能让用户更深入地了解商品或服务，提高用户的忠诚度。

1. 微信文案写作要求

微信是人们常用的社交工具。在微信被用于营销服务以后，微信内容就具备了销售文案的特点。微信文案的写作要求如下。

（1）图文并茂

在现代营销文案中，传统的广告文案已经失去了优势，而有趣的、大家更容易接受的图文并茂的内容更容易吸引用户的关注。

（2）精练易懂

微信的互动性、交流性比较强。为了快速沟通交流、快速传递信息、有效减少读写麻烦，微信文案往往使用短小精简的语句。微信文案如果篇幅太长、太过专业难懂，用户就很难集中精力阅读。所以，微信文案一般都比较精练易懂，网络编辑人员需选择要点进行表达。

（3）个性特色

为了引起用户的有效关注，有些网络编辑人员会使用特殊的语言或流行语来表达特定的含义，以朋友圈文案为代表的微信文案还有着极强的娱乐性和互动性。一些公众号为了吸引用户阅读，还会使用幽默诙谐的语言，使文案更具有娱乐和玩笑的意味。许多方言、网络用语等也在微信文案中被广泛使用。

（4）促销引导购买

网络编辑人员在微信文案中可添加明确的促销信息或购买引导信息，如"点击了解更多""扫描下方二维码，立即下单""无门槛优惠券"等，有利于引导用户购买，起到营销文案应有的作用。图5-10所示为促销引导购买文案。

2. 微信文案排版

排版对微信文案来说非常重要。即使文案再出色，如果排版效果差、版面杂乱，用户也可能选择放弃阅读。微信文案多分为

图5-10 促销引导购买文案

文章式文案和图片式文案。文案的字数，文案在页面中的摆放位置，文字的大小、颜色、字体等，都会影响文案的整体感觉和视觉效果。下面就从这几个方面讲解微信文案排版的要求。

（1）文章式文案

文章式文案是微信文案中最常见的类型之一，如今的微信文案是以移动端为载体输出的，所以以排版应注意以下4点。

① 文案的字数：全文字数控制在1200～1500字，一个段落不超过手机一屏，可以多分段，最好3～5行为一段。

② 字符设置：字号最好在14～18px（数值越大，字体就越大），16px最合适；行距控制在1.5～1.75倍为佳。

③ 正文排版：根据内容风格的不同，可以设计不同的正文排版方式。一般都采用左对齐排版方式，个别追求文艺风的文案可以考虑居中排版方式。

④ 其他排版设计：合理搭配图片，一般是上文下图，适当插入视频；此外，可以用不同的字体、字号来突出文案的重点，以便与正文区分。由于用户阅读微信文案的场景各不相同，有的在通勤路上，有的在等候交通工具时，有的在咖啡厅，因此必须突出文案中用于强调的文字，便于用户第一时间找到重点。文字强调效果如图5-11所示。常用的文字强调方法包括加粗、变色、加文字框、加下画线、改变样式等。

（2）图片式文案

图片式文案受限于一张图片内，其排版应注意以下几点。

① 文案的字数：文案字数不宜过多，只要能够传达出情感要表达的内容即可，一般文字内容要求不超过整个页面的1/2。

② 文字的大小：文字大小要均匀合理，但并不要求文字大小一样，只要文字的比例恰当，看起来和谐、美观即可。我们可以用大号字体来突出强调重点内容，这样页面会显得主次分明、主题突出。图5-12所示为在图片式文案中用大号字体突出强调重点内容。

③ 文字的颜色：文字与图片的颜色要有一定的差别，但不要太跳跃，不然容易显得突兀。比较好的搭配方式是尽量少用太鲜明、亮眼的颜色。此外，若背景或图片是深色的，文字就用浅色系；若背景或图片是浅色的，文字则用深色系。这样图片就不会与文字混淆，也不会给用户造成阅读障碍。

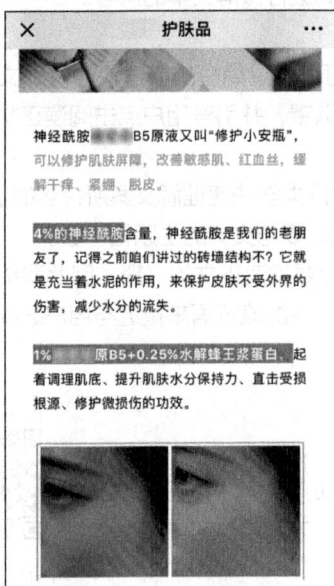

图5-11　文字强调效果

图5-12　用大号字体突出强调重点内容

5.2.2　微博信息编辑

随着移动互联网的普及，微博已经成为人们获取资讯和沟通交流的重要平台，也成为众多商家推广和宣传的新阵地。

1.　微博文案写作技巧

一篇好的微博文案可以迅速引起用户的兴趣，为微博博主带来大量流量和较高的关注度。微博文案的好坏在很大程度上能够决定微博营销的成败，因而微博文案写作是一件不容忽视的事情。那么微博文案有哪些写作技巧呢？

（1）把握时机

网络编辑人员需要利用热点来撰写微博文案，以快速引发热度和获得关注。网络编辑人员需要在第一时间找准营销内容与热点事件的关联点，将热点事件的核心点、商品或品牌的诉求点、用户的关注点三者结合起来进行创作。另外，以热点事件作为切入点的微博文案的写作和发布都应该在热点事件发生后24小时内完成。

（2）微博内容的原创性

一条热门微博的原创博主和话题中的人物会很容易被人们记住，所以网络编辑人员要尝试做原创的人，而不是转发话题的人。现在，原创知识产权受到越来越多的重视，因此网络编辑人员不要在未经作者同意的情况下抄袭他人的文章。

（3）植入广告需要技巧

网络编辑人员在撰写微博文案时，措辞要含蓄，应尽可能把广告嵌入有价值的内容当中。这样既能起到宣传商品的作用，又能为粉丝提供价值型的内容而不会让粉丝感到厌恶。这样的广告具有一定的隐蔽性，所以转发率更高，营销效果也更好。比如，生活中的小技巧、免费的资源、有趣的事等，都可以成为植入广告的内容。

（4）善用评论和话题

网络编辑人员要经常查看粉丝的评论，并积极和粉丝进行互动，拉近和粉丝之间的距离。网络编辑人员通过查看粉丝评论的内容，可以摸索粉丝的喜好，并据此进行微博文案的撰写。

（5）注意导语的作用

导语经常出现在一些内容较多的微博文案中，好的导语可以通过简短的描述快速体现文案的主要内容，吸引用户的注意力，使用户对文案内容产生强烈的阅读欲望，并引导用户点击阅读正文内容。导语写作需要遵守以下原则。

① 简洁：网络编辑人员应尽量使用简单明了的语言，让用户能够快速理解文案所传达的信息。

② 符合主题：导语是对正文内容的引导性叙述和抽象概括，要与文案的主题相一致。

③ 风格多样化：导语需要让用户在阅读后产生融入感和想要阅读正文的兴趣，因此网络编辑人员可以利用多种修辞手法来提高文案的生动性，也可以添加一些时下的流行语来拉近与用户之间的距离，尽可能吸引用户的关注。

2.　在微博发布头条文章

在微博发布头条文章比较简单，在首页的编辑框下找到"头条文章"按钮，单击即可进行发布文章的相关操作了，需要写好标题、正文内容。下面将介绍如何在微博平台发布头条文章以进行营销。具体操作步骤如下。

（1）进入微博官网，单击"立即登录"按钮，如图5-13所示。

5-1　在微博发布头条文章

图5-13 单击"立即登录"按钮

（2）在"账号登录"界面中输入账号和密码，并单击"登录"按钮，如图5-14所示。

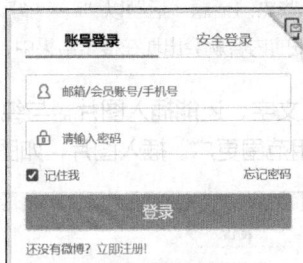

图5-14 账号登录

（3）在个人微博首页单击"头条文章"按钮，如图5-15所示。

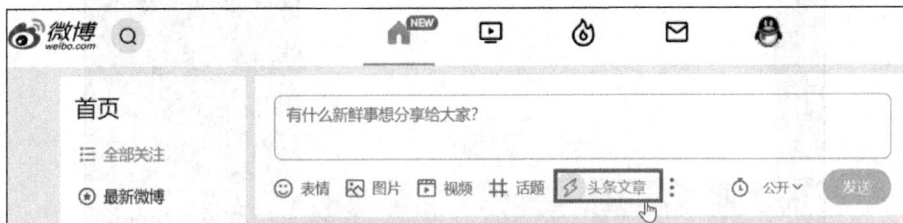

图5-15 单击"头条文章"按钮

（4）在"头条文章"界面输入文章内容，包括文章标题、导语、正文等，设置封面，文章最下面的选项都是默认启用的，如图5-16所示。

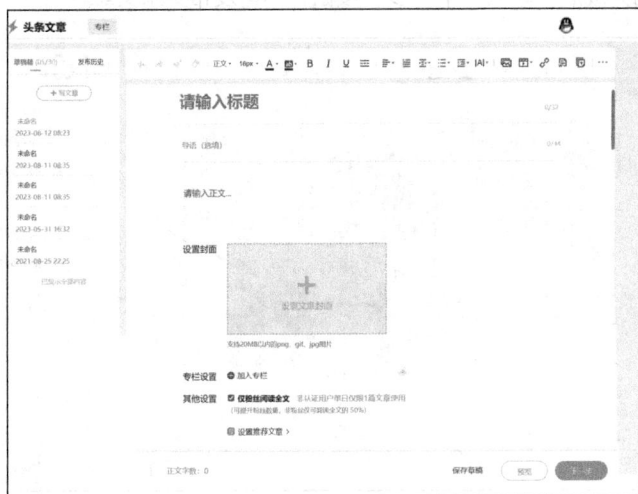

图5-16 输入文章内容

微博头条文章的标题应该尽量简练，最好能够快速激发用户的好奇心和阅读欲望，将能够提供给用户的价值直接通过标题表达出来。

导语是以简要的句子突出最重要、最富有个性特点的事实，提示微博头条文章要旨，吸引用户阅读全文的开头部分。其目的就是用最精练、简短的句子把全文最精彩的部分呈现出来。

正文是微博头条文章的主体，必须是有价值的内容。营销人员借助文章正文不仅可以发布品牌或商品信息，还可以发布活动信息、直播信息等。

封面是对微博头条文章内容的一个简要说明和体现，有创意和视觉冲击力强的封面可以快速吸引用户关注，让用户的注意力暂时留在封面上，并产生进一步阅读的欲望。同时，封面也要体现出文章的主题。

最后发布文章的时候，还可以插入一些热门话题。话题以"#……#"的标签形式出现，只要打上了话题标签，当其他用户搜索某话题时，带有该话题标签的内容就会出现在搜索结果中，这样可以提升营销的精准度。

（5）微博头条文章中不仅能输入文字，还能插入图片。与纯文字的短微博相比，图文结合的微博文章更加符合用户的阅读习惯，且应用范围更广。插入图片，如图5-17所示。

图5-17　插入图片

（6）微博头条文章中还能插入作者卡、电影、视频、商品、专栏、内容等多媒体元素，如图5-18所示。所有选项都填写完成后，单击"下一步"按钮，即可发布头条文章。

图5-18　单击"下一步"按钮

5.2.3　今日头条信息编辑

今日头条是一个综合资讯平台，轻松化的文章会更吸引用户的关注，如娱乐资讯、社会资讯、幽默搞笑的内容等。

1. 头条文章内容的优化

头条文章推荐量的决定因素有阅读数、阅读时长、互动数（转评赞）等。也就是说，阅读数越高，用户的平均阅读时长越长，用户的互动数越高，推荐量也会越来越高。要从根本上提高文章的推荐量，就要从内容入手，依靠头条文章的评判标准来进行内容的优化。

（1）专注于一个领域。无论哪个平台，都喜欢专业性强的创作者。创作者只有专注于一个领域，才能更集中地发挥自己的优势，显现出自己在这个领域的专长，才能更好地被推上头条和被用户喜欢；不能一篇文章发布旅游资讯、一篇文章发布汽车资讯，另一篇文章又发布娱乐资讯。

（2）原创内容越多推荐量越高。原创功能是为了鼓励更多的优质创作者来今日头条创作，创作者所发布的文章或视频必须是自己原创的。

（3）内容质量越高推荐量越高。优质的内容才是头条文章的根本，这一点毋庸置疑。要让用户看过内容后感觉到有收获，学习到了技能，了解到了知识，获取了娱乐资讯，得到了身体、精神的放松等。

（4）设置吸引人点击的标题和封面。在发布文章的时候，标题和封面非常重要，只有标题和封面吸引人，才能够吸引用户来点击。好标题和好封面能让用户更加愿意点击，更加愿意了解文章的内容。

（5）选择优质的图片。一张优质的图片包括清晰度好、与选题呼应等特点。

（6）分类明确。文章分类越明确，推荐量越高。分类就是要把文章主题放到相应的分类中，如新闻、社会、娱乐、电影等。

（7）互动数、订阅数。用户越活跃，推荐量越高。用户活跃与否表现在评论、点赞、分享等方面。一篇文章的质量不错，就会引起用户的互动、分享等。

（8）站外热度。互联网上关注度越高的话题，推荐量越高，所以发布热点话题也会获得更高的推荐量。

（9）发文频率。经常发文，保持活跃很重要。无论在哪个平台都是这样的，平台当然喜欢更活跃的创作者，这样才能够源源不断地产生信息。

2. 在今日头条发布文章投放广告

今日头条会给予发布文章投放广告的创作者广告提成奖励，只要创作者的文章有一定的点击量，创作者就会有广告收入。这个广告收入根据发布的文章的质量决定。在今日头条发布文章投放广告的具体操作步骤如下。

5-2　在今日头条发布文章投放广告

（1）在网页端头条号后台，单击"创作"→"文章"按钮，如图5-19所示。进入"发布文章"界面，如图5-20所示。

（2）在"发布文章"界面中输入文章内容，包括文章标题、正文内容等。确保文章内容连贯、结构清晰、过渡自然。

（3）已开通文章创作收益的创作者在"发布文章"界面的"投放广告"选项中，选中"投放广告赚收益"单选项，即有机会获得文章创作收益，如图5-21所示。

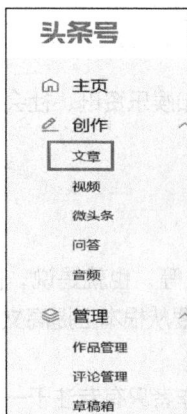

图5-19　单击"创作"→"文章"按钮

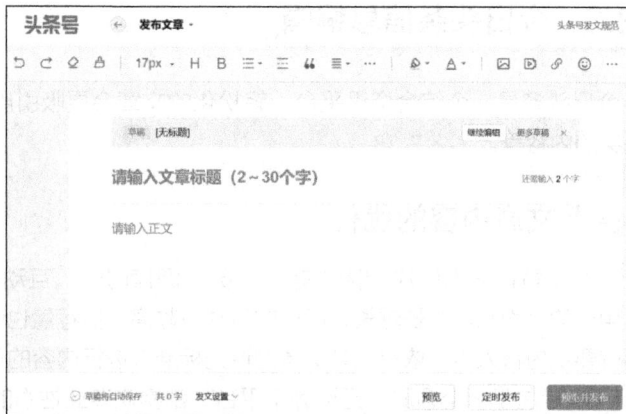

图5-20　"发布文章"界面

图5-21　选中"投放广告赚收益"单选项

5.2.4　抖音短视频信息编辑

抖音的视频界面切换符合用户操作手机时向上滑动的习惯，不仅提升了用户操作的流畅度，也进一步简化了视频观看的过程。与其他视频相比，抖音短视频更适合碎片化传播。相较于传统的书籍文字，抖音短视频传播给了用户更好的体验。

1．短视频文案写作

优质的文案能吸引用户观看短视频，因此文案在一定程度上会影响用户的观看欲望。短视频文案要简明扼要地切中用户真实、急切的需求，也就是需要找准用户真正的痛点，这样才对用户有吸引力，才能激发用户进一步了解短视频的兴趣。

那么，如何才能写出好的文案呢？

（1）搭建文案框架，即列好文案写作大纲，以确定文案的创作方向。在搭建文案框架时，一定要弄清楚4个问题：观看文案的用户是谁？文案要传递什么信息？文案可以带给用户怎样的情感体验？文案会产生什么影响？

（2）找到文案的切入点。搭建好文案框架后，要对所了解和掌握的信息进行筛选、整理和加工，以确定短视频内容的主题，从而找到文案的切入点。

（3）根据已有信息选取一个角度进行思考，将短视频的信息转化成用户看得懂而且能打动用户的文字，最后形成文案。

短视频文案的类型和格式不是固定的，但要遵循一个共同原则，即调动用户的情感，引起用户的共鸣。

2. 抖音短视频发布技巧

发布短视频看似是一个简单的操作，实则涉及许多细节问题。除了需要选择合适的发布时间，还要考虑其他多方面的因素，以帮助短视频获得更多的流量和关注。

（1）根据热点话题发布

发布短视频时可以紧跟时事热点，因为热点内容通常具有高流量，借助热点话题创作的短视频受到的关注度也相对较高。比较常见的热点有大型节假日（春节、中秋节、国庆节等）、大型赛事活动（篮球赛事、足球赛事等）、每年的高考等。这类常规热点的时间固定，创作者可以提前策划和制作相关的短视频，在热点到来之际及时发布短视频，该短视频通常能够获得较多的关注。

（2）添加恰当的标签

标签是短视频内容中最具代表性、最有价值的信息之一，也是系统识别和分发短视频的依据。好的标签能让短视频在推荐算法的计算下被分发给目标用户，得到更多有效的曝光。短视频创作者可以为短视频添加3～5个标签，如图5-22所示。每个标签的字数不宜过多，在5个字以内为宜。

图5-22　短视频平台标签

📖 **知识链接**

设置标签时要做到精准化、细节化。以服装穿搭类短视频为例，如果将标签设置为"女装"，则涵盖范围太广。更好的做法是，将标签设置为"秋冬穿搭""时尚穿搭"等限定词，这类精确性更高的标签能使短视频在被分发时深入垂直领域，找到真正的目标用户群体。

（3）短视频封面

在短视频封面中将短视频的亮点和精华展示出来，让用户直接了解短视频的内容，吸引其点击并观看。在制作短视频封面时，可以根据短视频内容选择合适的颜色进行创作，使背景图片与文字造型更加贴合短视频的主旨。

（4）同城发布和定位发布

在短视频平台发布短视频时可以选择"同城发布"和"定位发布"。这两种发布方式都能为短视频带来意想不到的流量。

同城发布是指将短视频发布到该短视频账号所在的城市。简单来说，是将该城市的短视频用户作为目标用户群体。

定位发布是指在发布短视频时定位某一地点，使短视频被该地点周围的用户看到。定位发布的方法有两种：一种是根据短视频内容定位相关位置，如短视频内容为西安旅游，则可以在发布短视频时定位"西安"，使定位地点的用户看到这条短视频；另一种是定位人流量大的商圈、景点等，因为该类地点的人数众多，短视频用户的数量也相对较多。图5-23所示为定位大唐不夜城，发布短视频时定位在该区域，能够提高短视频的浏览量。

图5-23　定位大唐不夜城

5.2.5　小红书信息编辑

在小红书平台上，博主通过图文或视频的方式记录、分享自己的生活，并在这个过程中吸引用户，同时把这些用户转化为粉丝，帮助自己实现变现。内容做得越好，吸引到的粉丝越多，运营者实现变现的可能性也就越大。做好小红书的核心就是要持续创作优质商品笔记。小红书商品笔记的关键要素包括标题、首图、正文文案、图片、话题、发布时间等，如图5-24所示。只要包括这些关键要素，就能大大提高做出优质笔记的概率。

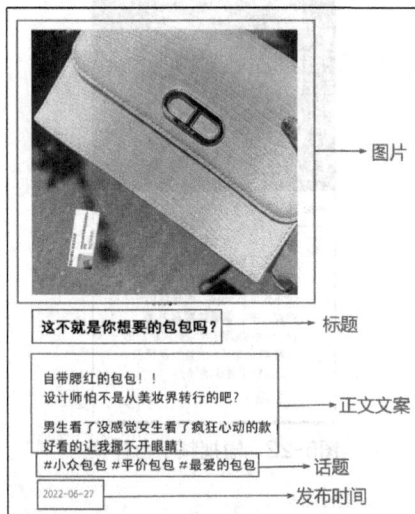

图5-24　小红书商品笔记的关键要素

1．标题

对小红书账号的运营者来说，想要成功打造出一篇爆款笔记，标题的重要性不言而喻。一个亮眼的标题不仅能够吸引用户的目光，促使用户点击查看详情，还能"抢夺"平台流量。没有一个足够亮眼、吸睛的标题，就无法吸引用户点击查看详情，笔记即便内容质量再高也难以成为爆款。以下是撰写标题的要点。

（1）击中用户痛点。

（2）引起用户情感共鸣。

（3）巧用疑问句、感叹句。

（4）巧用数字和表情。

（5）引入热点词。

2. 首图

首图是吸引用户的关键。用户打开小红书，在不滑动页面的情况下，整个版面通常可以显示4~6篇笔记，每篇笔记的标题只占两行，其余部分都是图片。这也就意味着，运营者想要让用户在推荐页面点击笔记查看详情，除了要重视标题外，还应重视首图。以下是设计首图的注意事项。

（1）主题突出，画面干净，色彩和谐。

（2）强调笔记看点，突出商品卖点和优势。

（3）首图中出现的文字、元素要基于笔记的内容来定。

（4）注意整体风格的一致性。

3. 正文文案

在对标题以及首图有所了解之后就来到了关键的一步，那就是创作出高质量的正文文案。要写好文案，好的文字表达功底是必备基础。想要创作出优质的笔记，可以从以下几个方面着手。

（1）确定好正文的整体框架。

（2）在内容排版上下功夫，确保整体看上去简约、美观。

（3）注意关键词的设置。

（4）展示商品详情内容，描述可信、不夸大。

（5）分享核心卖点、利益点，突出差异。

4. 图片

图片是商品笔记的点睛之笔，可以放置商品图、效果图、细节图、使用图等。图片可以让笔记变得更加生动，帮助用户理解笔记。要创作出优质的图片，需要注意以下事项。

（1）一般使用6~9张图片，图片的大小规格是3：4或1：1。

（2）用醒目的图片吸引眼球，把用户关注的重点内容突出展示，强化商品展示效果。

（3）可以布置商品使用前后对比图、健身/减肥前后对比图、穿衣对比图等图片，通过对比图给用户以视觉冲击。

（4）展示商品细节。

（5）小红书强调内容的原创性，非原创的内容、图片可能会造成侵权问题，使运营者受到比限制流量更严重的惩罚，如封号等。

5. 话题

话题是小红书平台开发的一种内容创作功能。添加话题可提高用户对商品的认知程度，对用户的购买行为产生较强的影响。通过搜索话题，普通用户能够根据自身需求精准定位感兴趣的内容。同时，内容创作者借助话题发布笔记时，能够增强笔记内容的指向性，提高笔记被搜索到的可能性，从而达到增加阅读量、吸引更多的用户转变成粉丝的目的。

想要创作出优质的话题，可以使用以下方法。

（1）在话题中添加商品的功能类型。

（2）在话题中添加商品的用户群体。

（3）通过小红书的搜索页搜索热门话题，点击排名靠前的笔记，查看笔记的话题。

（4）添加小红书官方话题，如小红书官方主推的"热门活动""本周热点""经典话题"等。

5.3 软文写作

软文是指企业的市场策划人员或广告公司的文案人员负责撰写的"文字广告"。与硬广告相比，软文的精妙之处就在于一个"软"字。相对于硬广告，软文没有直接展示广告信息，仅仅将广告信息巧妙地融入文章，从而将广告信息潜移默化地灌输进用户的脑海里。

> **课堂讨论**
>
> 如何撰写优秀的软文标题？常见的软文类型有哪些？

5.3.1 确定软文标题

一篇成功的软文一定有一个好的标题。搜索引擎抓取软文后显示给用户的只是软文的标题，这时用户是否点击阅读该软文，软文标题起决定性的作用。那么，优秀的软文标题要怎么写呢？常见的软文标题类型有以下几种。

1．"十大"类标题

标题以"十大"为主，如"十大知名家电品牌排行榜""十大吸尘器知名品牌排行榜推荐"。这类标题往往能够给用户一个权威性的印象，从而起到吸引用户阅读的作用。此类标题主要的特点是传播率高，容易被转载，容易产生一定的影响力，容易在软文的写作中吸引大量用户的眼球。

2．内幕类标题

标题以"××内幕""××揭秘"为主。由于网民大多容易对"内幕""秘密"产生好奇心，所以以此为题的软文，容易有更高的点击率。

3．固定类标题

在固定的节日、节气、活动期间，"'双十一'给女朋友买什么礼物比较合适？""十一国庆长假，去哪里玩好？"等标题易引起广大网民的兴趣，因而点击率也较高。

4．对比突显类标题

对比突显类标题是通过与同类商品进行对比来突出自己商品的优点，加深用户对商品的认知。在对比突显类标题中加入悬念式标题的手法，更加能突显标题的特色，吸引用户的注意力。这样的软文标题有对比又有悬念，很符合现在用户的口味，如"成功者和失败者之间的5个明显区别"。

5.　名人效应类标题

此类标题是以名人、热点事件、科技新发现等吸引用户眼球。由于名人的光环导致有许多人关注他们，因此用户对有名人效应的标题也异常关注。热点事件跟名人效应一样会得到许多人的关注，如果标题跟热点事件巧妙地联系上，那么标题的关注度自然不会低。

6.　警告提醒类标题

此类标题通常出现在一些通告中，用以提醒用户注意某项事件。警告提醒类标题下的内容应该由陈述某个事件开始，凭事实让用户意识到某件事情的重要性，从而产生一种需求感。警告提醒类标题需要注意的问题是，涉及的事件要真实，要有权威的表达，要把握住尺度。例如，"家里有电磁炉的快看，千万别这样做会爆炸！"

5.3.2　软文的类型

根据主题、目的和内容的不同，可将软文大致分为以下几种。

1.　用户体验型

用户体验型软文一般以用户的真实体验来传播品牌或商品的优点、正面形象、商家实力、服务质量等。用户体验型软文类似于用户使用商品后发表的评论。这是很简单也很容易让用户信任的软文类型。

2.　科普型

科普型软文是指科学地对商品进行宣传或介绍，让用户了解并熟悉商品所蕴含的科技价值，进而接受它。这种类型的软文尤其适用于新品上市或某项新技术刚刚面世时，需要用较长的文字来对该技术进行普及和推广的情况。

3.　专访型

专访型软文主要采用访谈录等形式，访谈企业创始人的成长经历、创业过程、管理思想等，并将其作为软文的内容。当然，采用此方法的前提是所采访的对象达到了一定的高度或具有高知名度。人物专访我们见过很多，但真正能打动人心的很少，因为大部分内容都是"造"出来的。在这点上，褚橙有着强大且不可复制的故事内容基因，因为褚时健就是这个品牌非常好的代言人。图5-25所示为专访型软文，它是以褚时健的故事写成的推广软文。

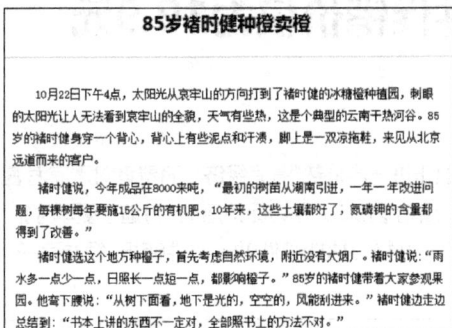

图5-25　专访型软文

4．新闻报道型

新闻报道型软文具备权威性，通常直接介绍商家实力、品牌形象。这类软文以官方口吻报道，配合官方媒体传播平台，能大大增强报道的真实性、权威性，从而有力提升品牌正面形象。图5-26所示为新闻报道型软文。

图5-26　新闻报道型软文

5．促销型

促销型软文往往直接配合促销活动使用，即利用低价、时间紧迫等理由来激发用户的购买欲望。如果是促销商品，促销型软文必须通过清晰的文字描述来加深用户对商品的了解和理解，提高用户对促销商品的信任度，这样才能真正起到促销的作用。图5-27所示为促销型软文。

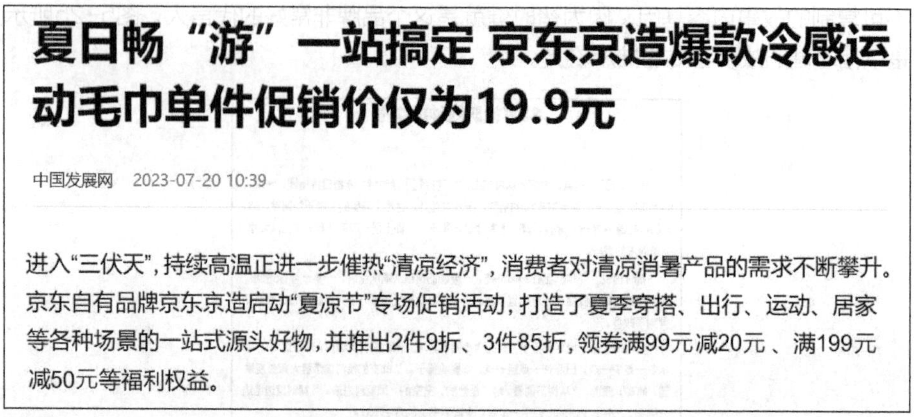

图5-27　促销型软文

6．热门事件型

网络编辑人员利用某些热门事件来创作软文时，需要拥有敏锐的洞察能力，找到此热门事件与自身商品的关联性，并利用热门事件来进行商品推广。热门事件型软文如图5-28所示。

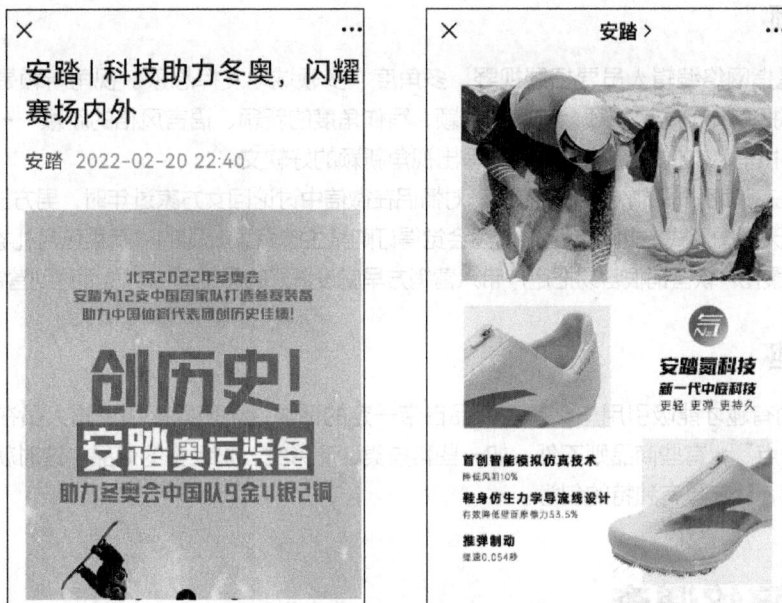

图5-28　热门事件型软文

5.3.3　软文写作要求

软文已经成为不少企业进行推广、宣传的重要方式，软文写作有一定的要求，主要包括以下几点。

1．主题明确

网络编辑人员在撰写软文时主题要明确，以精准地反映企业品牌的主要特点。主题的选取非常关键，主题单一且明确才能强化软文的感染力。多主题的软文容易失去中心，降低对用户的吸引力。软文的主题可以是商品质量、产地、价格、规格、材质、品牌、促销活动、服务、用户的反馈等。

网络编辑人员要了解用户对软文的接受过程，明确推广概念和主题。软文只有主题明确，才能有的放矢，达到预期的广告效应。

> 📖 **知识链接**
>
> 就文案形式而言，主题明确的文案具有一定的凝聚力，可以避免文章过于散漫而支撑不住观点的情况发生。从文案影响效果来讲，主题鲜明的文案可以牢牢抓住用户的注意力与思维，集中地论述中心思想，让人一眼就能明白文章内容，有利于讨论与传播。

2．定位精准

网络编辑人员如果想打造品牌，就要写出定位精准的软文，这样才能吸引用户。网络编辑人员在撰写软文时可以专门对某一类用户群体进行精准定位，根据用户的阅读习惯、消费行为、兴趣爱好等撰写有针对性的软文。比如，明确所销售商品要定位的目标用户群体是哪些人，是男性还是女性，是老人还是小孩。

3. 视角新颖

视角新颖是指网络编辑人员要拓展视野，多角度、多领域地发挥想象。视角新颖是软文发挥效用的根本所在，包括软文布局的新颖、构思的新颖、写作角度的新颖、语言风格的新颖……网络编辑人员只有不断地提高撰写软文的创新能力，才能写出视角新颖的好软文。

比如，某生态蔬菜公司的软文就是采取一对情侣在微信中讨论回女方家过年时，男方送什么礼物给未来的丈母娘的聊天截图形式。此时，这对情侣会觉得订购某生态蔬菜公司的"蔬菜包月礼券"是更好的选择。这样的"场景化"软营销很容易把用户带入营销方早就设置好的思维圈内，从而达到营销目的。

4. 生动有趣

软文要生动有趣才能吸引用户。有些商品自带一定的话题性，所以网络编辑人员在撰写软文时比较容易找到"槽点"；有些商品则不然，如一些科技类、商务类、财经类的商品，这时就需要通过软文赋予它一些趣味，让它具有独特的创意。

5.4 网络调查

5-3 网络调查

网络调查也称网上调查，是指在互联网上针对特定的问题进行的调查设计、收集资料和分析等活动。网络调查以其独特的优点，逐渐成为调查方式的主流。

5.4.1 明确网络调查的目标

网络调查的第一步就是清楚地确定调查目标，这些目标应当是具体且可衡量的。在开始进行网络调查前，需要了解和明确以下目标内容。

（1）本次调查的目的是什么？

（2）完成任务的时间限制、样本数量、资金限制、人员组成、合作伙伴等限制条件是什么？

（3）谁是最有可能购买你提供的商品或服务的客户？

（4）你的客户对你的竞争者的印象如何？

5.4.2 确定网络调查对象

网络调查对象可以通过抽样方法选取，即从需要调查的总体中，抽取若干个体（即样本）进行调查，并根据调查的情况推断总体特征。抽样主要有以下两种方法。

1. 随机抽样

随机抽样指调查对象的每个个体都有同等机会被抽取出来作为样本，这是一种完全依照机会均等的原则进行的抽样调查。该方法遵循随机原则，客观上使样本总体具有较强的代表性。但是，因为随机抽样的技术性强，需要的调查时间和调查费用较多，有时会给简单的调查活动带来不便。

2．非随机抽样

非随机抽样指抽样时不遵循随机原则，而是按照调查者的主观经验或其他条件来抽取样本。由于非随机抽样的样本是由调查者凭经验主观选定的，具有主观性，所以调查结果误差较大。

5.4.3 网络调查的方法

网络调查的方法有以下3种。

1．网络问卷调查法

网络问卷调查法是目前网站最常采用的，以网页呈现调查问卷，供网民直接点选题项并在线提交的方法。这种调查方法可以节省大量的调查费用和人力，不足之处是被调查者难以控制和选择，难以满足调查样本要求，有时甚至可能出现样本重复、调查数据不真实的情况。

2．网络讨论法

网络讨论法可通过多种途径实现，如论坛、新闻组、网络实时交谈、网络会议等。主持人在相应的讨论组中发布调查项目，请被调查者参与讨论，发表各自的观点和意见；或是将分散在不同地域的被调查者通过网络视频会议功能虚拟地组织起来，在主持人的引导下进行讨论。

3．网络观察法

网络观察法是指对网站的访问情况和网民的网上行为进行观察和监测。大量网站都在做这种网上监测。很多可供免费下载的软件事实上也在做网上行为监测。

5.4.4 网络调查的组织与实施

下面介绍网络调查的组织与实施，包括设计调查问卷形式、实施调查、分析调查结果。

1．设计调查问卷形式

网络问卷制作简单，分化迅速，回收方便。能否根据具体的调查问题来进行科学的问卷设计，是问卷调查能否成功的重要因素。网络问卷调查常用的方式大致有以下3类。

（1）投票式

投票式调查是一种较为简单的问卷调查，通常也称为投票。这类问卷一般只设一个问题，问题下列出若干备选答案，网民可以用单选或多选的方式参与调查。这种方式快速、简便，因此，网民参与的积极性较高，但调查效果有时并不能完全真实地反映网民的意见。

（2）组合方式（专题调查）

组合方式实际上是第一种方式的规模化发展。其表现形态为将调查主题分解为若干子题。尽管每一个子题的题项只有三四个问题，但众多的子题可形成对事物多侧面和多角度的反馈，从而使调查能够做到更全面、更深入。

（3）完整问卷方式

这种方式主要用于网站了解自己的受众情况，以及其他调查公司和机构委托的项目，网页上呈现的是一份完整问卷。其内容往往包括被调查者的个人简单情况和较多的调查题项，还可设置供网民填写具体建议、意见的窗口。调查的核心部分是调查方精心策划和设计的。

2．实施调查

实施调查是指将调查问卷放置到网络服务器上并通知被调查者参加调查的过程。在实施阶段，需要注意以下问题。

（1）调查问卷发放的位置和方式

调查问卷可以放在网站的首页，也可放在某一频道或栏目的首页，还可放在论坛等其他页面中。选择好投放的位置非常重要，只有经过比较，才能做出较为合理的选择。

（2）受众参与调查的方式

受众参与调查的方式主要有以下两种。

① 受众必须先参与调查，才能看到别人的调查结果。这种方式可以使更多的受众参与调查，保证受众在参与调查之前不受他人意见的影响。但是，这种方式可能会使受众对调查失去兴趣，也可能会使一些人为了看到结果而随便地填写问卷，甚至多次填写问卷。

② 受众不需要参与调查也可以直接看到结果。这种方式可以使受众更好地看到调查的整个进展，但也容易使受众受到他人意见的影响。

3．分析调查结果

得到结果并处理后要进行的工作是对结果进行深入分析，从中得出具有普遍意义的结果。调查结果的分析主要包括以下内容。

（1）调查结果的有效性分析

调查结果的有效性分析即根据参与调查的人数及人员构成等情况，分析调查的结果是否有效。

（2）调查结果的可用性分析

有些调查结果虽然有效，但不一定真实可靠，这时只能将调查结果作为内部参考使用，避免公开使用。

（3）调查结果的意义分析

调查结果的意义分析即对有效而又可用的调查结果做进一步的分析，发现其深层意义，得出有规律的结果。

5.5　任务实训

5.5.1　在小红书平台发布笔记

【实训目标】

（1）熟悉小红书平台。
（2）掌握在小红书平台发布笔记的方法。

【实训内容】

小红书平台对笔记内容没有过多的限制，发布笔记时的操作也十分简单。一般来说，在小红书平台发布笔记的具体操作步骤如下。

（1）打开小红书，点击主界面下方红色的"+"号进入发布笔记界面。该界面下方有5个可选项，分别是"拍照""商品""相册""模板""直播"，如图5-29所示。

其中，除了"直播"和"商品"选项外，其余选项都和发布笔记有关。"模板"选项中是平台为运营者提供的视频模板，有多种风格和主题可以选择。运营者选定模板后，从相册导入素材即可自动生成视频。"相册"是打开发布笔记界面的默认选项，需要运营者事先准备好素材，选定后即可进入下一步。

（2）选择好素材之后，点击右下角的"下一步"按钮，如图5-30所示，即可进入下一个操作界面。

图5-29　发布笔记界面

图5-30　选择素材

（3）在操作界面中，运营者可以对素材进行调整，如添加滤镜、音乐、文字、贴纸、模板、美颜等，如图5-31所示。操作完成之后点击右上角的"下一步"按钮，进入下一个界面。小红书平台在发布笔记板块设置的功能非常丰富，提供了很多不同风格、不同主题的模板，如图5-32所示，应用模板可以让笔记内容更加丰富多彩。

图5-31　对素材进行调整

图5-32　选择模板

（4）素材调整完成之后，即可进入填写标题和正文的界面，在该界面还可以添加话题、@其他用户、添加地点，如图5-33所示。等内容全部编辑完成后，点击该界面左下角的"存草稿"按钮可以保存笔记。直接点击"发布笔记"按钮，待平台审核无误后即可成功发布笔记，如图5-34所示。

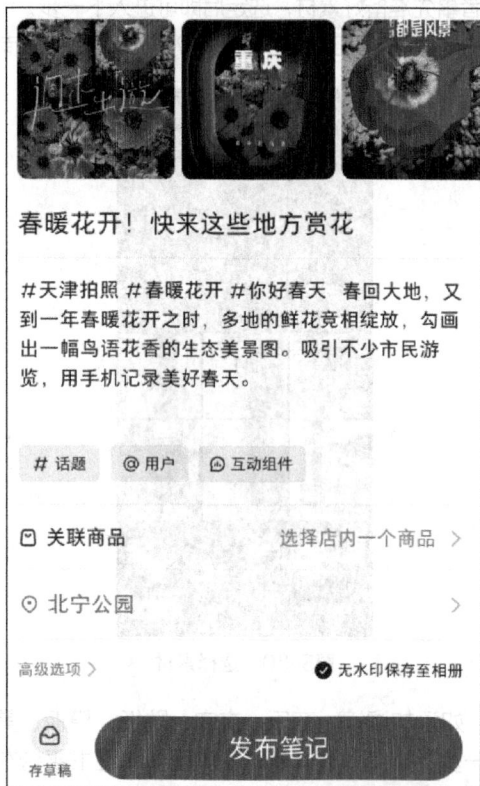

图5-33　填写标题和正文

图5-34　成功发布笔记

5.5.2　用抖音一键成片功能编辑短视频

【实训目标】

（1）熟悉抖音平台。
（2）掌握抖音平台短视频的编辑与发布方法。

【实训内容】

下面通过抖音一键成片功能制作短视频。具体操作步骤如下。
（1）打开抖音，进入主界面，点击底部的 ⊕ 图标，如图5-35所示。
（2）在相册中选择多个需要发布的素材，点击界面底部的"一键成片"按钮，如图5-36所示。抖音会提示短视频在合成中，如图5-37所示。
（3）抖音会自动给短视频匹配合适的模板，如图5-38所示。如果想更换模板，可选择并点击自己喜欢的模板，如图5-39所示。

（4）在短视频中输入文字并设置样式，如图5-40所示，将文字移到合适的位置，点击界面右上角的"完成"按钮。

图5-35　点击 ⊕ 图标

图5-36　点击"一键成片"按钮

图5-37　提示短视频在合成中

图5-38　自动匹配模板

图5-39　选择模板

图5-40　输入文字并设置样式

（5）短视频制作好之后，点击底部的"下一步"按钮，如图5-41所示。

（6）在发布界面中输入作品描述文字，添加话题、位置等信息，设置完成后点击"发布"按钮，如图5-42所示。

图5-41　点击"下一步"按钮

图5-42　发布界面

5.6　知识巩固训练

1. 名词解释

网络原创信息　　　　原创文学

2. 单项选择题

（1）（　　）是一种具有代表性的网络原创内容形式，其突出特点是客观记录或报道。

A. 博客　　　　　B. 微博　　　　　C. 今日头条　　　　　D. 微信

（2）通过搜索（　　），普通用户能够根据自身需求精准定位感兴趣的内容。

A. 标题　　　　　B. 话题　　　　　C. 首图　　　　　D. 文案

（3）（　　）是通过与同类商品进行对比来突出自己商品的优点，加深用户对商品的认知。

A. 固定类标题　　　B. 警告提醒类标题　　　C. 对比突显类标题　　　D. 内幕类标题

3. 多项选择题

（1）网络原创信息对网站来说的意义有（　　）。

A. 有助于提升网站的品牌影响力　　　　B. 原创信息是各平台扶持的对象

C. 有助于吸引和稳定用户　　　　D. 能够避免抄袭导致的侵权问题

（2）下面的（　　　）属于网络原创信息的形式。

A. 网络原创新闻与网络原创文学　　　　B. 博客与微博

C. 微信文章　　　　　　　　　　　　　D. 今日头条

（3）网络调查的方法包括（　　　）。

A. 网络问卷调查法　　　　　　　　　　B. 网络讨论法

C. 网络观察法　　　　　　　　　　　　D. 线下调查法

4. 思考题

（1）微博文案的写作技巧有哪些？

（2）简述抖音短视频的发布技巧。

（3）简述软文的写作要求。

（4）网络问卷调查常用的方式有哪些？

第 **6** 章

网络专题策划与制作

学习目标

知识目标	☑ 熟悉网络专题的定义及特点。
	☑ 熟悉网络专题的类型。
技能目标	☑ 掌握网络专题的内容策划方法。
	☑ 掌握网络专题的形式设计方法。
	☑ 掌握网络专题的制作方法。
素养目标	☑ 具备一定的中华优秀传统文化素养。

　　小张大学毕业后，应聘到北京某公司从事网络编辑方面的工作。公司虽然是多年的阿里巴巴诚信通用户，但由于缺少网络编辑方面的人才，诚信通用户的身份并没有给公司带来相应的回报，公司网站在互联网上的知名度也不高。因此，公司要求小张通过网络专题的形式，聚集网络人气，帮助公司树立品牌形象，快速提升公司和产品的知名度。

　　本次任务主要是完成一个网络专题的策划与制作。网络专题从选题构思到最后制作完成，一般要经过专题题材选择、专题内容组织、专题栏目策划、专题形式设计、专题的制作等步骤。

　　网民浏览网络专题是想获得关于某一主题的详细内容，其对专题内容是有选择的，一般只阅读感兴趣的内容。因此，对于网络专题的内容策划，不论是专题选题、内容组织、栏目策划的确定，还是专题形式的设计，在考虑网站及栏目定位的基础上，都要充分考虑网民的兴趣和关注点。网络专题的内容策划是制作专题的前提和基础。

　　网络专题不但要有策划精良的内容，还应该有合适的呈现形式。当编辑完成专题的内容策划之后，还要将设计好的内容及栏目分类以恰当的版式和结构放到页面中合适的位置，这就体现在专题的结构安排、页面版面设计、版式编辑等环节上。在这些项目基本确定之后，就可以选择合适的软件设计和制作专题页面了。

　　小张利用在学校里学到的与网络专题创作相关的技能，与团队人员一起收集了大量资料，进行了网络专题内容策划，确定了合适的专题形式，创作出了有公司特色的一系列网络专题。在不到一年的时间内，他们不断推出新的网络专题，使公司网站及产品在网络上的知名度迅速得到提升，小张也被提升为部门经理。

　　思考：

　　1．网络专题创作需要掌握哪些技能？

　　2．如何做好网络专题的策划与制作？

　　网络专题是网络媒体表现形式中的一种主要类别。由于网络专题在内容上能对某一主题有较全面、详尽、深入的反映，在形式上可以集中网络媒体的各种表现手法，因此它被认为是具有网络媒体特色、最能发挥网络媒体优势的表现形式之一。本章主要介绍网络专题策划与制作。

6.1　网络专题概述

　　目前，网络专题不仅内容丰富、数量庞大、信息量大，质量也越来越高。优秀的网络专题能够吸引大量的访问者，提高网站的浏览率，给网站带来长期的流量，提升网站的社会影响力。

　　全班同学分成若干个小组，每组分别选取一至两个不同的网站，分析统计其近3年网络专题的选题情况，查看不同类型专题的栏目设置情况。各小组之间进行交流，并思考下列问题：

　　（1）网站专题的选题集中在哪些内容上？

　　（2）不同网站的专题呈现出的特点有哪些？

6.1.1 网络专题的定义及特点

网站专题就是围绕某个重要节日、重大事件或热点话题等内容，在一定的时间跨度内，将涉及商品、品牌、网站的各种信息，以文字、图片、声音或视频等多种表现形式，进行全方位、多角度、连续、深入的立体展示，让用户更多地了解商品、品牌，最终提高品牌知名度或提升商品销量。图6-1所示为某网站的网络专题活动。

图6-1　某网站的网络专题活动

网络专题的特点主要体现在以下几个方面。

1. 内容的集成性

网络专题不受存储空间的限制，它可以将各方面的相关信息高度集成在一起，形成一个整体性的信息传播单元。网络专题内容的集成性既体现在信息汇集的深度上，也体现在其广度上。例如，对于一些重大事件，网络专题既有实时的追踪报道，又有背景资料的介绍和链接，还有对事件某些问题的调查和互动，丰富的多媒体资料也引起了人们的阅读兴趣。网络专题就是把这些内容集成在一起而形成的，而内容的多少和集中程度的高低也是考察一个网络专题制作水平高低的重要指标。

2. 形式的丰富性

网络专题往往会综合运用文字、图片、动画、声音、视频、互动调查、评论等多种形式，图文并茂、视听共赏，表现主题的方法更为丰富。多种媒体形式并用是网络媒体的优势所在，这不仅使专题显得更为丰富多彩，还给受众带来了全新的体验和感受。例如，在一般的体育赛事专题中，除了文字和图片报道外，还会有视频直播；对于一些精彩的瞬间，往往还将其模拟制作成动画。图6-2所示为新华网的杭州亚运会专题，其中既有文字和图片介绍，又有精彩的视频。

图6-2　新华网的杭州亚运会专题

3．阅读的延时性

网络专题围绕一个主题对各种信息进行整合和归纳，增加了信息的深度和广度。网民既可以了解事情的背景及不同的观点，又可以了解事情的最新进展。这体现了信息阅读的延时性特点。

网络专题可以在网站上长时间发布，并且不断地进行更新。目前，很多网站都提供近3年的专题内容，使一些主题得以延续。这样既方便了网民阅读，也给网站带来了长期的访问量。

4．专题的交互性

交互性是网络区别于其他媒体形式的本质特点之一。网络专题往往多种互动形式并用，并且对互动内容的提取与利用也越来越广泛。除了常见的网友留言、评论等互动形式，网络调查、知识问答、互动小游戏、博客、在线访谈等互动形式也得到越来越多的应用。这极大地提高了网民的关注度与参与度，同时也使得专题形式更加多样、内容更加丰富。

5．跨部门运转

网络专题制作经常需要跨部门运转，文字编辑、图片编辑不仅要完成自己的任务，还要配合完成专题所涉及领域的工作，同样，网页设计人员、美术编辑和程序员也要配合专题的制作。这种跨部门的大规模资源调配是制作网络专题的需要。

6.1.2　网络专题的类型

网络专题暂无公认的分类标准，专题的内容涵盖全面，考虑到专题策划的不同，可将网络专题划分为事件类专题、主题类专题和资讯服务类专题。

1．事件类专题

事件类专题以报道新近发生的重大新闻事件为主要内容。这类专题着重于对报道主题的延伸性挖掘，需要及时添加、更新大量的新闻事实，追踪整个事件的发展态势，同时提供大量的背景材料说明事件的意义，满足受众获取信息的需求。

在网络媒体类网站的日常运营中，遇到重大突发事件，网络专题常常是需要先考虑的报道形式。反过来说，网络专题是最适合报道重大事件的表现形式之一。

2023年的冬天，哈尔滨为何突然爆火？据央视网梳理，这竟缘起于一次退票风波。据哈尔滨市文化广电和旅游局提供的大数据测算，截至2024年元旦假日第3天，哈尔滨市累计接待游客304.79万人次，实现旅游总收入59.14亿元。游客接待量与旅游总收入达到历史峰值。哈尔滨的热情带火了东北冰雪旅游。某网站开通了哈尔滨冰雪游网络专题，如图6-3所示。

2．主题类专题

主题类专题一般源于可预见的主题，如某个人物、事件、话题等。由于前期可预见，该类专题在策划上往往占据主动性，前期通常需要进行周密的策划，形成自己鲜明的特色。因此，这类专题的制作水平往往展现了网络编辑的水平高低。主题类专题的内容涵盖时政、国内、国际、财经、体育、教育、房产、生活、科技等众多领域，如"2023年世界互联网大会乌镇峰会"专题、"博鳌亚洲论坛2023年年会"专题、"2022年北京冬奥运会"专题、"2023年全国两会"专题等。图6-4所示为央视网制作的"2023年世界互联网大会乌镇峰会"专题首页。

图6-3　哈尔滨冰雪游网络专题首页

图6-4　央视网制作的"2023年世界互联网大会乌镇峰会"专题首页

3．资讯服务类专题

　　资讯服务类专题一般围绕特定主题向网民提供具有指导性的实用信息，具有较强的传播知识与提供服务的功能，包括旅游类、导购类、教育招生类、投资理财类等专题。此类专题的选题更多地要考虑网站受众的实际需求，尽量贴近网民日常生活所需。图6-5所示为新浪网策划制作的"高考"专题，该专题从高考学生的需求出发，涵盖了高校招生简章、高考资讯、备考资料、报考信息、院校和专业查询等内容。

图6-5　新浪网策划制作的"高考"专题

6.2　网络专题内容策划

一个优秀的网络专题的成功上线需要经过精心的内容策划。网络专题内容策划包括确定网络专题的选题、网络专题内容组织、网络专题栏目策划等内容。

6-1　网络专题
内容策划

课堂讨论

为网站双十一专题栏目组建网络编辑团队，根据栏目定位，策划一个专题，确定人员分配、专题的选题，并为该专题设置有关栏目。同时思考下列问题：

（1）该专题的人员是如何分工的？
（2）确定专题选题的依据或原因是什么？
（3）该专题包含哪些栏目？

6.2.1　确定网络专题的选题

选题是策划和制作网络专题的第一步。目前各网站的专题选题主要集中在重大突发事件、重要庆典或活动、社会热点问题、实用信息服务等方面。确定网络专题的选题时要注意以下几个问题。

知识链接

网络编辑需要严格地选择专题选题，很好地把握选题的角度，这样专题的质量才能有保证。一个好的选题不仅会提高网站的知名度和认可度，还会影响到其他媒体的选题导向。

1．选题要考虑受众的需求

网络编辑在策划网络专题选题时，必须考虑网站的定位及受众的需求。从受众的定位看，网站不仅要考虑受众的相关统计数据特征，如年龄、性别、受教育程度等，还要考虑受众的心理与行为特征。这样才能准确定位，把握住网站受众的关注点，提供不同层次的信息服务及专题。例如，新华网是新华社主办的中央重点新闻网站，是党和国家重要的网上舆论阵地，因此，其选题多以国内外重大的时政类新闻为主。

2．选题要抓住热点

网民所关心的问题就是热点，大到重大新闻事件，小到日常生活问题，只要是网民关注度高的都可以成为热点。因此，突发事件、社会热点、具有争议性的话题等常常成为各大网站选题的重要内容。只有抓住并运用好这些热点，才能有效地树立和提升网站的形象。

3．选题要具有独创性和开拓性

一个好的选题策划必须有自己的个性，有独特的思路和视角，不能一味模仿别人的选题思路，简单抄袭别人的选题模式。只有这样，制作出来的专题才能给网民留下鲜明的印象。

4．选题要具有可操作性

专题选题必须具有可操作性，要考虑制作专题的难易程度以及材料支撑情况。再好的选题和创意，如果没有足够的背景材料以及充足的、高质量的与之相关的资源的支持，那么就难以保持专题内容的丰富和持续更新，导致专题不具有可操作性。

6.2.2　网络专题内容组织

在确定好网络专题的选题之后，接下来要考虑的就是专题内容的组织。专题内容既可以是网站的原创性内容，也可以是来自电视、报刊等其他媒体的信息。挑选什么样的内容？如何组织这些材料能够使得专题内容丰满、厚实？能够让受众满意？能够最全面地反映事件、问题和现象？这些都是专题策划中必须要考虑的问题。网络专题内容组织需要注意以下问题。

1．要围绕专题的主题进行

尽管网络专题包括丰富而广泛的内容，很多时候需要用发散思维把有关内容涵盖进去，但这些内容总体上是有限度的，一定要围绕着专题的主题进行专题内容的选择和组织。

2．要与网站定位一致

选择和组织专题内容时，关键要看这些内容是否与网站形象定位、网站功能定位、目标受众定位等一致。网络编辑要精心审阅各类图文稿件，提取最符合本网站需要的部分，加以强化突出，对文章进行增删推敲，重新制作标题，把信息做深做透，力求以信息的丰富、实用来锁定网民的视线。

3．要考虑信息的类型和质量

专题内容的选择要注意不同体裁、不同形式、不同来源、不同时态的稿件之间的组合。专题信息从类型上可分为原材料、加工材料、再加工材料等。在一般情况下，网站专题要多采用未加工过的原材料，以保证专题的原创性。网站要充分利用自己的优势，多发布具有原创性的内容；同时要广泛收集并采纳其他媒体和网站加工过的材料，保证专题的全面性。此外，选择内容时要考虑不同角度和观点的材料，受众可以根据需要对某一现象、问题、事件等专题内容做出自己的判断。

6.2.3　网络专题栏目策划

网络专题栏目是构成网络专题的基本框架。网络专题的内容策划往往体现在栏目的设置上，若栏目设置不当，就会导致网站目录结构不清晰、内容混乱。好的栏目设置要从受众需求以及内容需要出发，充分运用编辑的发散性思维，尽可能地在有限的版面上设置比较合理的栏目。设置网络专题栏目时要注意以下问题。

1．栏目分类要界定清楚

栏目的分类反映了专题内容组织的整体结构，栏目要划分清晰、层次清楚，同时尽量做到不拘一格，体现创意。清晰分明的栏目既可以勾勒出主题的轮廓，体现编辑的思路，同时也更容易吸引网民去阅读。图6-6所示为新华网"2023年世界互联网大会乌镇峰会"专题清晰分明的栏目设置。

2．要确定好各栏目的形式与名称

从专题类型上说，由于事件类专题新闻性较强，并且着重于对报道主题的延伸性挖掘，所以"最新动态报道"与"背景资料"是必不可少的栏目。网站也应根据专题的具体情况来考虑是否设置其他反映各方意见的"各方评价"、收集各媒体报道的"媒体报道"等栏目。

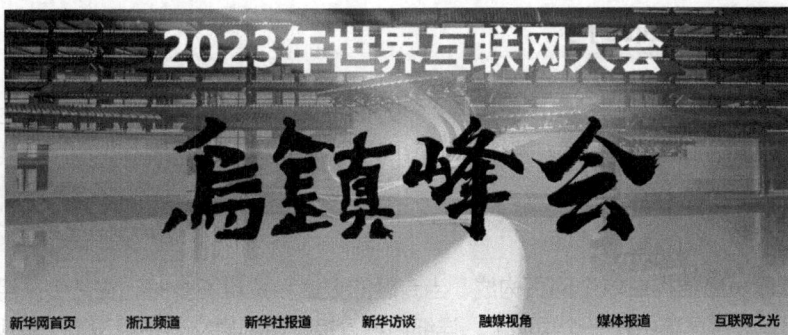

图6-6 清晰分明的栏目设置

理论性较强的专题应有"理论阐述""专家观点"等栏目；此外，还应设置一些能引起讨论和互动的栏目，如"网上观点""在线调查""对话访谈"等，以激发网民的阅读兴趣，"图片新闻""现场视频"等栏目也必不可少。

资讯服务类专题因为讲究实时性、实用性，所以栏目的设置要尽量贴近网民的实际需求，增强服务性。

3．要体现网站特色和独创性

网站应该根据自身的定位及专题的内容，设置富有个性的栏目，体现出网站的特色。这对一些小型专题而言尤为重要。

4．栏目的设置要尽可能全面

栏目的设置要能够涵盖与主题有关的各方面内容。这对一些大型专题而言尤为重要，有助于全面分析事件。

5．设置栏目要注意动静结合

设置栏目还要注意动态栏目和静态资料的结合。"动态""互动"类栏目属于动态栏目，主要体现网站特色，如"知识问答""在线调查"等；"资料"类栏目则属于静态栏目，主要包括与主题有关的资料和背景知识。栏目设置动静结合，满足了受众各方面的需求。

6.3 网络专题形式设计

好的网络专题可以通过精心的形式设计吸引网民的注意力，吸引他们进一步阅读。网络专题形式设计要考虑到专题的页面结构、页面版面、版式编辑等。

📋 **课堂讨论**

上网浏览不同网站（如新华网、央视网）的杭州亚运会专题，从不同角度分析专题是如何策划和制作的。思考下列问题：

（1）网络专题的页面结构有哪些？

（2）网络专题的页面版面有哪些？

（3）网络专题的页面设计、栏目编排、色彩搭配、多媒体的使用情况是怎样的？

6.3.1　网络专题页面结构

　　结构安排是专题形式策划的一个重要内容，一方面是为了版面美观，另一方面是为了突出专题的主题，便于材料的组织和网民的阅读。网络专题常用的页面结构有以下两种。

1．单网页结构

　　最简单的专题页面结构由单个网页构成。当专题的报道和资料不多时，往往会采用单网页结构。此类结构通常把有关信息集中在一个页面上，详细内容直接链接到原文；栏目设置比较少，专题中只有一两个栏目，有的甚至没有栏目，结构形式比较简洁、直观。图6-7所示为新华网的"2023年网络中国节·端午"单网页专题。

图6-7　新华网的"2023年网络中国节·端午"单网页专题

2．多网页结构

　　当专题内容较多时，单个网页的结构就不适用了，这时需要考虑多网页结构。多网页结构比较复杂，有线性结构、树状结构、网状结构等。其中最常见的是树状结构，通常包括专题首页、专题栏目页和专题正文页。图6-8所示为新华网"2023年高考"专题首页，图6-9所示为专题栏目页，图6-10所示为专题正文页。而一些大型的复杂专题多结合使用网状结构和树状结构。

图6-8　新华网"2023年高考"专题首页

| 高考聚焦 | 高考情报局 | 专业学科探秘 | 24小时关注 | 未来·请加油 |

专业学科探秘

- 【专业学科探秘】北京师范大学：学校综合实力强，学科优势明显   2023-06-09 18:01:35
- 【专业学科探秘】北京交通大学：以信息、管理等学科为优势，以交通科学与技术为特色   2023-06-07 19:23:03
- 【专业学科探秘】南开大学：文理并重、基础宽厚、突出应用与创新   2023-06-07 19:21:51
- 【专业学科探秘】北京物资学院：物流特色鲜明，拥有高水平物流特色专业群   2023-06-06 08:47:55
- 【专业学科探秘】中国政法大学：以法学学科为特色和优势 兼有政治学、经济学等学科   2023-06-05 20:24:51
- 【专业学科探秘】中央财经大学：注重创新精神与实践能力培养，设立人才培养模式实验区   2023-06-02 20:04:46

图6-9 专题栏目页

图6-10 专题正文页

6.3.2 网络专题页面版面

　　网络专题页面版面是网络专题形式美的重要体现，它直接影响着网络专题内容的传播。网络专题页面版面主要有综合式版面、重点式版面、对比式版面、集中式版面这几种类型。

1. 综合式版面

　　综合式版面是一种常见的版面类型，主要特点是栏目多，而且无论是内容、体裁还是篇幅都不尽相同。这种版面上的信息可吸引不同层次、不同兴趣的网络受众。图6-11所示为综合式版面。

　　如果专题栏目较多，涉及面广，没有特别重要的栏目需要强调，而且选出的要闻与其他稿件的重要程度差别不大，不急于引导用户特别地去注意版面的某一局部，而是力图表现版面内容的丰富程度，让用户自己去判断和选择，那么专题版面就可以选择综合式版面。

图6-11　综合式版面

2．重点式版面

重点式版面的主要特征是特别强调版面的某一局部，并运用各种编排手段使其成为版面上引人注意的重点。例如，新华网的"'普洱景迈山古茶林文化景观'申遗成功"专题的版面就是典型的重点式版面，如图6-12所示。

图6-12　典型的重点式版面

当需要特别强调一两个栏目时，可采用重点式版面，赋予重点栏目相对强势的地位，将其放在醒目的区域。标题要醒目，采用不同的字体、字号，以及使用有视觉冲击力的图片或不同的颜色等。

3．对比式版面

对比式版面是指版面上编排了相互对立和矛盾的两个栏目，使版面上形成强烈、鲜明的对比，使矛盾暴露得更加清楚，褒贬更加鲜明。对比式版面的形式主要是两个栏目的强烈对比，如图6-13所示。

图6-13　对比式版面

4．集中式版面

集中式版面的最大特点是用整个版面或版面的绝大部分报道一个事件或主题。这个事件或主题往往针对的是重大事件。例如，"中国梦·大国工匠篇"专题首页就使用了集中式版面，如图6-14所示。这种版面内容集中，具有较大的声势，给人的印象深刻。

图6-14　集中式版面

6.3.3 网络专题版式编辑

网络专题是内容堆积的产物，从总体上来说可以将其看作一个视觉产品，想要第一时间留住用户，就需要在版式编辑上下功夫。要让用户看得懂、愿意看，让新闻传播效率更高。在进行网站建设时，网络专题页面的版式编辑至关重要。网络专题版式编辑包括页面设计、栏目编排、色彩搭配、多媒体的使用等。

1. 页面设计

专题页面设计要求清新简洁、布局明晰、画面生动，通过统一的色彩、图标、排版和字体等来保持页面的整体性和一致性，提升用户的使用体验和视觉体验。图6-15所示为某家居网站双11专题页面设计。

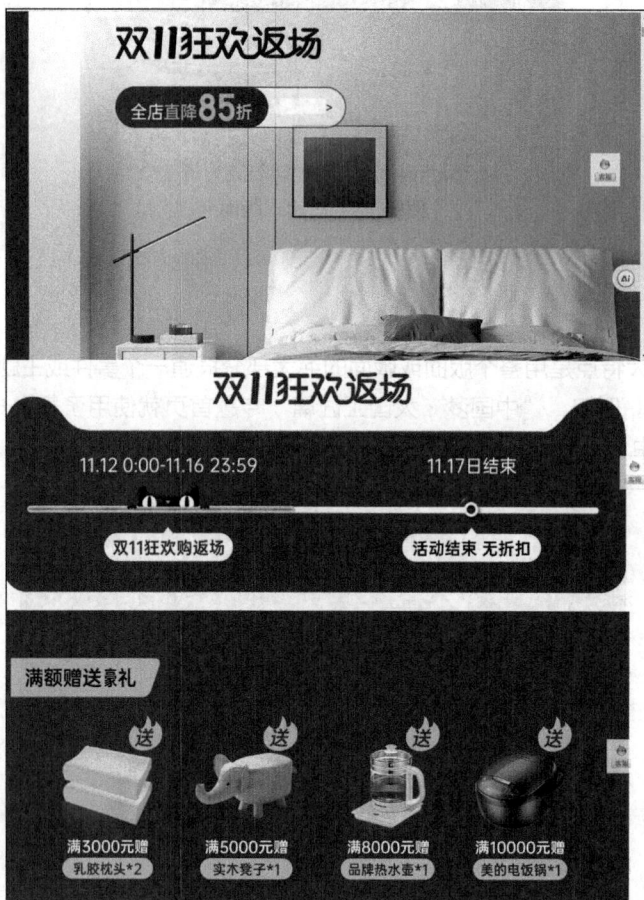

图6-15 某家居网站双11专题页面设计

网络专题的页面结构通常由专题首页、栏目页、正文页组成，还有一些特设页面，如在线问答、投票、留言等页面，可以促进用户与网站之间的互动交流，营造出良好的社区氛围。好的页面结构不仅能留住用户，还能提升用户对网站的忠诚度。

专题首页设计首先要结构清晰、层次分明，即用清晰的线条将页面结构划分清楚，合理布局，突出重要内容，展现专题的精华部分；其次要注意整体风格和印象，通过色彩和亮度等元素的搭配使用来形成网页的层次。

2．栏目编排

栏目的编排要做到"提纲挈领、点题明义"，用最简练的语言提炼出网络专题中每个部分的内容，清晰地告诉浏览者本专题有哪些信息和功能。栏目的设置和编排是专题页面结构的具体体现。在编排专题栏目时，可以参考如下几点。

（1）将相关素材划分层次，用一个主体架构描述整体信息和最关键的信息，而相关的细节则用超链接给出。

（2）在确定好各个栏目名称和形式的基础上，分清栏目主次，按照主次合理安排栏目位置，恰当组织栏目内容。根据用户的使用习惯，将用户最常使用的栏目置于醒目的位置，以便于用户查找及使用。图6-16所示为合理编排的专题栏目。

图6-16　合理编排的专题栏目

（3）充分考虑用户的阅读习惯，在众多网页构成要素中强化一个清晰的主体，使之成为最方便阅读的视线流动起点。如果没有这样一个主体，用户可能会找不到最佳的阅读起点。

（4）在一篇文章中突出最重要的信息，如加粗或用彩色字体，避免长时间拖曳滚动条才能看到想看的关键内容。

💡 素养提升

中华优秀传统文化是中华民族的精神命脉，是涵养社会主义核心价值观的重要资源，也是我们在世界文化激荡中站稳脚跟的坚实根基。习近平总书记在党的十九大报告中指出："深入挖掘中华优秀传统文化蕴含的思想观念、人文精神、道德规范，结合时代要求继承创新，让中华文化展现出永久魅力和时代风采。"

不同时期传统文化关于色彩的表现风格与特色，无论是民间艺术的粗犷朴实，还是人文艺术的典雅隽秀，无不表现了中华民族伟大的创造力、斑斓的色彩及具有冲击力的视觉展示。

在对色彩的运用中，中国传统色彩搭配基于中国传统文化，刻上了传统文化的烙印，这正是中国传统色彩搭配区别于外国色彩搭配的显著特征。而情感性在中国传统色彩搭配中的运用也随处可见，色彩搭配不仅影响视觉传达效果，还在主色和辅助色的搭配之间接表达出了人们的心情。如红色多表达喜悦和吉祥，在庆典、嫁娶、春节等重要的日子中运用较多，至今仍然在表达热烈的情绪中发挥着重要的作用。

3．色彩搭配

在网页中，色彩搭配是树立网站形象的关键，色彩处理得好，可以使网页锦上添花，达到事半功倍的效果。网络专题可以根据内容的不同和风格的不同运用多种色彩组合，从而突出专题的整体风格。

网络专题页面色彩的搭配一般以简单为宜，过于花哨容易让人产生视觉疲劳。通常，一个页面中所使用的色彩应控制在3种以内，而且要有主次之分，可以通过颜色的强弱、深浅来划分专题内容板块层次。网络专题页面色彩在与网站整体定位和风格相协调的情况下，还需要与专题的内容风格相一致。

红色是最鲜明、最生动、最热烈的颜色之一，红色的色感温暖，"性格"刚烈而外向，是一种对人刺激性很强的颜色。红色容易引起人的注意，也容易使人兴奋、激动、紧张、冲动。

黄色是阳光的色彩，具有活泼与轻快的特点，给人十分年轻的感觉，象征光明、希望、高贵、愉快。黄色和其他颜色搭配有温暖感，给人以快乐、希望、智慧和轻快的感觉，有希望与功名等象征意义。图6-17所示为黄色的专题页面。

在商业设计用色中，紫色受到了一定程度的限制，除了和女性有关的商品或企业形象外，其他类型的设计不常将它作为主色。图6-18所示为紫色的专题页面，低纯度的暗紫色能很好地表现出优雅、自重、高品位的效果。

图6-17　黄色的专题页面

图6-18　紫色的专题页面

绿色给人一种自然、健康的感觉，所以经常被用于与自然、健康相关的网站。另外，绿色还经常被用于一些农村生态特产、护肤品、儿童商品或旅游网店。图6-19所示为绿色系的网店年货节专题页面。

图6-19　绿色系的网店年货节专题页面

蓝色给人以沉稳的感觉，且具有智慧、准确的意象。在商业设计中，强调科技、效率的商品或企业形象大多选用蓝色作为标准色、企业色，如计算机、汽车、工业、摄影器材等。

橙色具有轻快、欢乐、收获、温馨、时尚的特点，是快乐、喜悦、有能量的色彩。橙色具有健康、富有活力、勇敢自由等象征意义，能给人以庄严、尊贵、神秘等的感觉。

白色具有洁白、明快、纯真、清洁的意象，通常需要和其他色彩搭配使用。在使用白色时会掺一些其他的色彩，使其变成象牙白、米白、乳白等。

黑色有很强的感染力，它能够表现出特有的高贵，且黑色还经常用于表现死亡和神秘。在商业设计中，黑色是许多产品的常用色，如电视、跑车、摄影机、音响、仪器的色彩大多采用黑色。在其他方面，由于有庄严的意象，黑色也常用于一些特殊场合的空间设计。

灰色具有柔和、高雅的意象，而且属于中间色彩，男女皆能接受，所以是永远流行的颜色之一。许多高科技产品，尤其是和金属材料有关的产品，几乎都采用灰色来传达高级、具有技术的形象。

4．多媒体的使用

随着网络技术的不断发展，人们已经不再满足于静态网页。目前的网页不再只有单一的文本，图片、声音、视频和动画等多媒体元素也应用到了网页之中。多媒体有着丰富的色彩和表现形式，恰当地利用多媒体可以加深人们对网站的印象。

根据网络专题及文章的内容要求，综合运用多媒体，配上与之相协调的图片、动画、音频、视频等，可使网页呈现出与众不同的风格。多媒体具有文字所没有的直观和生动性，丰富了专题内容的表现形式。必要时可以把多媒体单独作为专题的一个栏目。

6.4　网络专题制作

目前网络专题的制作方法有以下3种。

第一种方法是利用网页制作软件，如用Dreamweaver制作静态页面，这种方法比较耗时，是专题制作初级阶段采用的方法。不管是否使用内容发布系统，熟练利用网页制作工具Dreamweaver制作专题网页是必不可少的技能。图6-20所示为用Dreamweaver制作的新品专题页面。

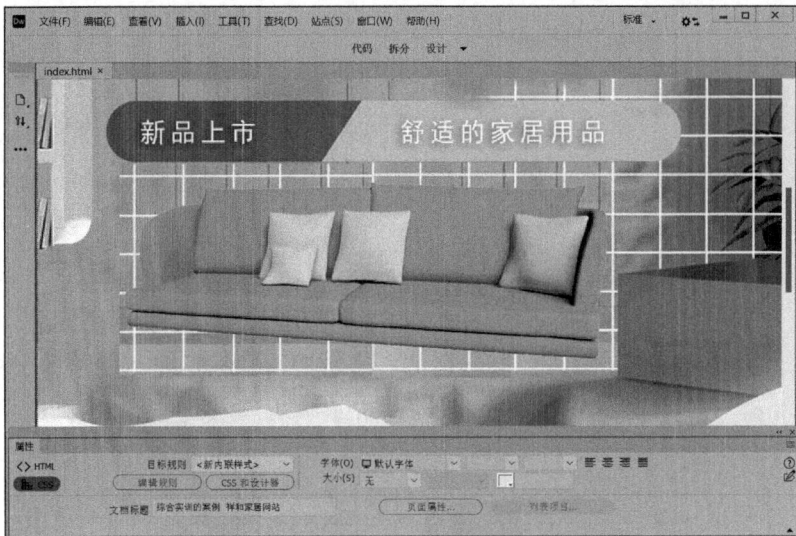

图6-20　用Dreamweaver制作的新品专题页面

　　第二种方法是利用在线编辑器进行专题页面的可视化制作，如图6-21所示。对零技术基础，又想快速制作网页的人来说，在线制作网页的首选是套用模板。模板可以帮助网络编辑人员提高工作效率。所有模板均由专业设计师制作，设计符合用户的网页浏览习惯，而且颜值高、风格多样，套用模板的网页非常美观。

图6-21　利用在线编辑器进行专题页面的可视化制作

　　第三种方法是绝大部分网站采用的方法，即利用内容发布系统制作专题页面，如图6-22所示。一般情况下，在确定专题选题后，先由编辑人员和技术人员协商确定专题的布局和版面，然后由技术人员负责制作专题页面的模板，而编辑人员负责编辑版面上的内容，把编辑好的内容添加到相应的模板即可完成专题的制作。大型专题有美工与技术人员配合，网络编辑一般只需要组织内容。而小型专题需要网络编辑自己设计、制作页面，或者根据已有模板修改。

图6-22　利用内容发布系统制作专题页面

6.5　任务实训

6.5.1　专题首页的制作

专题的首页使用Dreamweaver制作，背景以绿色为主色调，突出家居绿色、环保的感觉。本实训是制作新品专题首页，通过表格的各种操作来完成新品专题首页的布局，然后向表格中添加相关文字和图片内容。本实训完成后的参考效果如图6-23所示。

图6-23　新品专题首页

【实训目标】

（1）掌握专题首页的制作方法。

（2）掌握Dreamweaver的使用方法。

（3）掌握利用表格布局页面内容的方法。

【实训内容】

完成本实训需要先创建表格，然后调整表格结构，最后向表格中添加相关的内容。具体实训内容如下。

1. 制作宣传海报部分

宣传海报部分如图6-24所示，主要包括商品宣传海报和优惠券信息，具体制作步骤如下。

图6-24　宣传海报部分

（1）打开Dreamweaver，选择"插入"→"Table"命令，插入1行1列的表格；选择"插入"→"Image"命令，在表格中插入商品宣传海报，如图6-25所示。

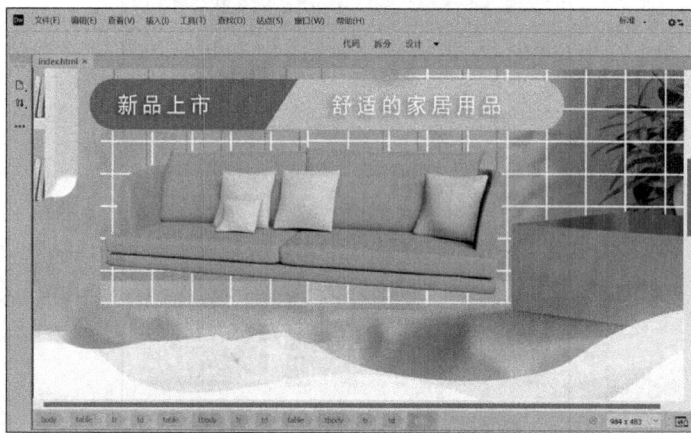

图6-25　插入商品宣传海报

（2）插入1行3列的表格，插入优惠券信息，如图6-26所示。

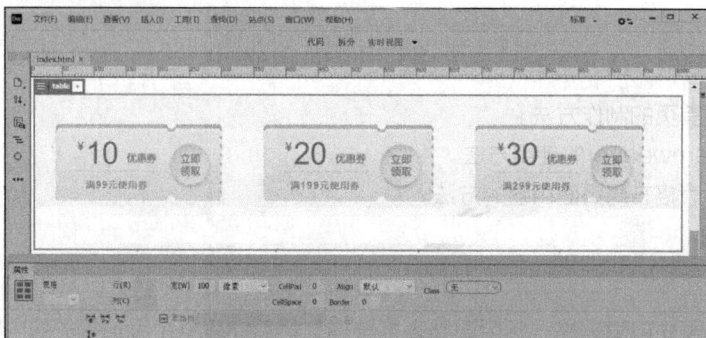

图6-26　插入优惠券信息

2. 制作商品分类部分

商品分类部分如图6-27所示，主要包括商品分类信息，具体制作步骤如下。

图6-27 商品分类部分

（1）插入1行4列的表格，在表格中插入商品分类按钮图片，如图6-28所示。

图6-28 插入商品分类按钮图片

（2）插入4行4列的表格，在单元格中分别输入商品分类文字，如图6-29所示。

图6-29 输入商品分类文字

3. 制作新品热卖部分

新品热卖部分如图6-30所示，主要包括热卖商品信息，具体制作步骤如下。

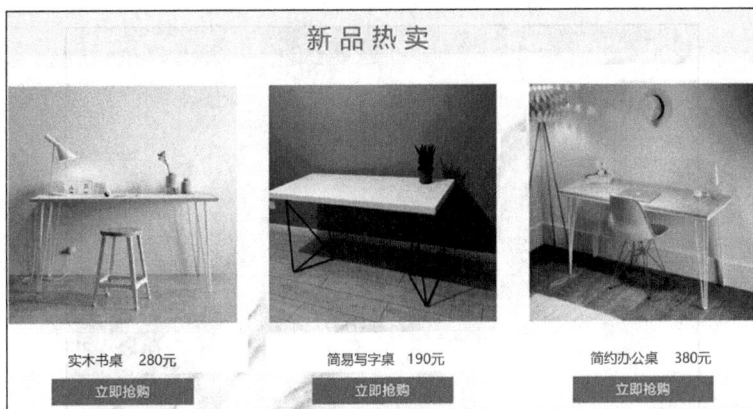

图6-30 新品热卖部分

（1）插入1行1列的表格，插入"新品热卖"图片，如图6-31所示。

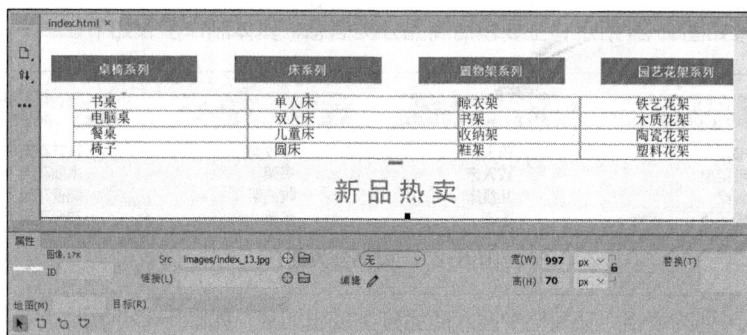

图6-31　插入"新品热卖"图片

（2）插入3行3列的表格，分别插入商品图片、输入商品名称和插入"立即抢购"按钮，如图6-32所示。

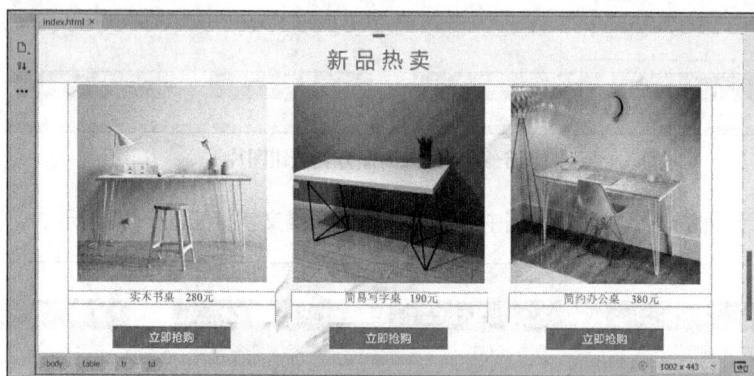

图6-32　插入商品图片、输入商品名称和插入"立即抢购"按钮

6.5.2　专题正文页的制作

专题正文页中主要是文字和图片。在网页中，图片和文字的混合排版是比较常见的，图文混排的方式包括图片左环绕、图片右环绕等。下面通过实例讲述制作专题正文页的方法。本实训完成后的参考效果如图6-33所示。

6-3　专题正文
页的制作

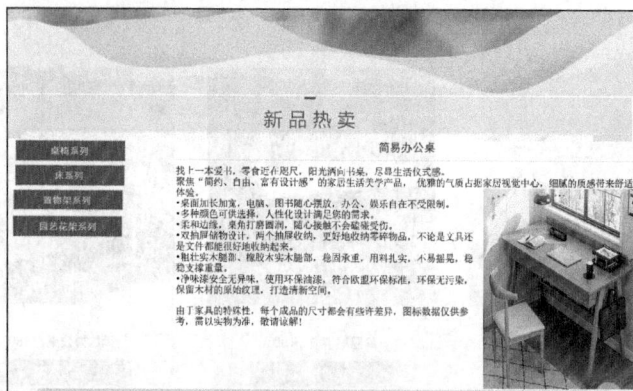

图6-33　专题正文页

【实训目标】

（1）掌握使用Dreamweaver在页面中输入文字并设置文字属性的方法。

（2）掌握在页面中插入图片，并设置图文混排的方法。

【实训内容】

完成本实训需要先打开Dreamweaver，在页面中输入商品介绍文字，并设置文字样式；然后插入商品图片，并设置图文混排。具体实训内容如下。

1. 输入商品介绍文字

输入商品介绍文字的具体操作步骤如下。

（1）使用Dreamweaver打开网页文件，如图6-34所示。

（2）将光标置于页面中，输入商品名称"简易办公桌"，如图6-35所示。

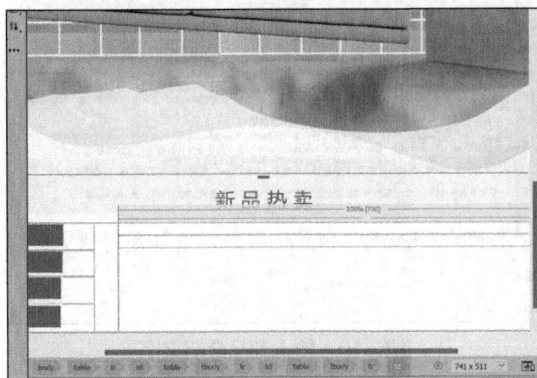

图6-34　打开网页文件

图6-35　输入商品名称"简易办公桌"

（3）选中文本，在"属性"面板中的"大小"下拉列表中选择"18"，并设置文本居中对齐，如图6-36所示。

（4）选中文本，在"属性"面板中的"字体"下拉列表中选择"黑体"，如图6-37所示。

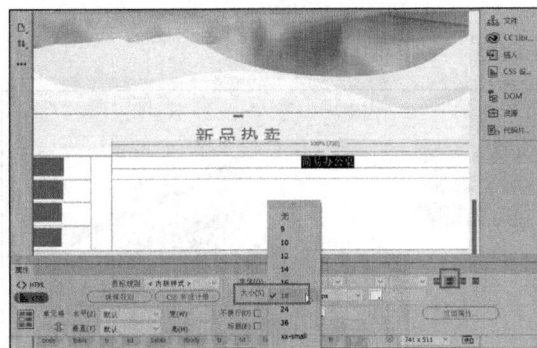

图6-36　选择字号并设置居中对齐

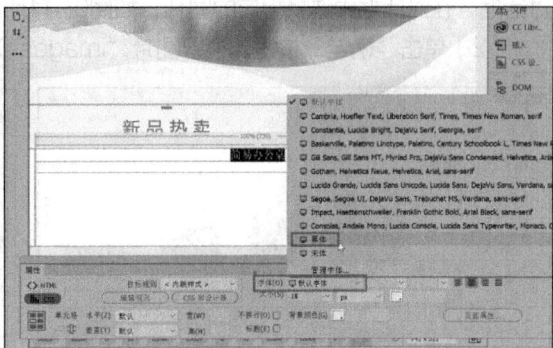

图6-37　设置字体

（5）选中文本，在"属性"面板中单击"文本颜色"按钮，在弹出的拾色器中选择相应的颜色，如图6-38所示。

（6）将光标置于"简易办公桌"文字下方，选择"插入"→"HTML"→"水平线"命令，插入水平线并设置水平线高度，如图6-39所示。

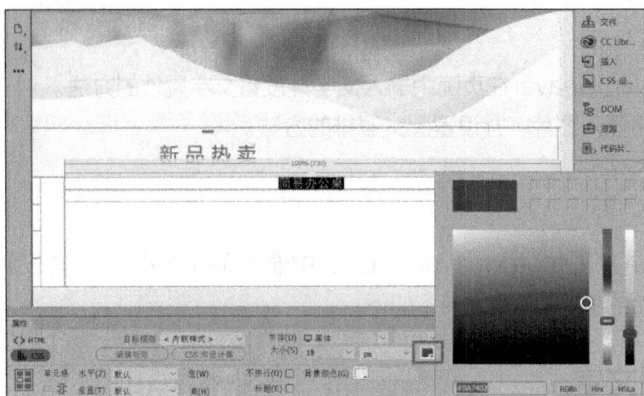

图6-38　设置文本颜色

（7）输入商品介绍文字，并设置文本属性，如图6-40所示。

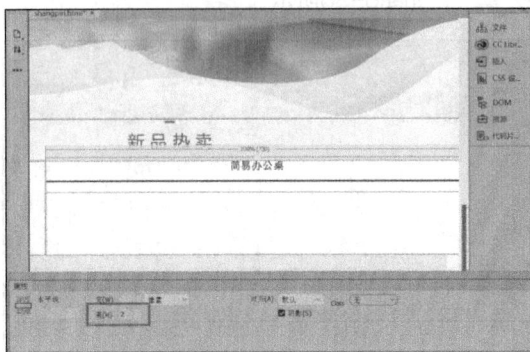

图6-39　插入水平线

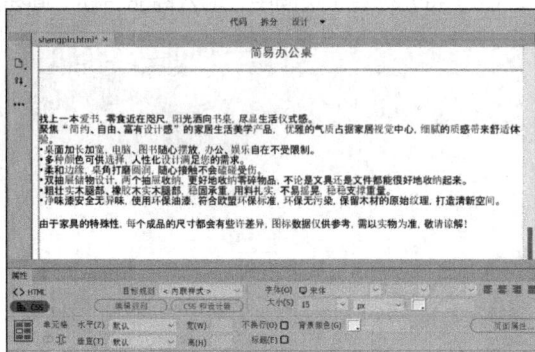

图6-40　输入商品介绍文字

2．插入商品图片

插入商品图片并设置图文混排的具体操作步骤如下。

（1）将光标置于要插入图片的位置，选择"插入"→"Image"命令，弹出"选择图像源文件"对话框，在对话框中选择相应的图片，如图6-41所示。

（2）单击"确定"按钮，插入图片"images\002.jpg"，如图6-42所示。

图6-41　"选择图像源文件"对话框

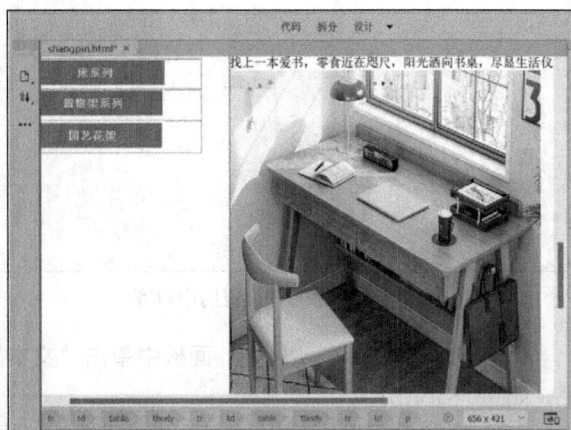

图6-42　插入图片

（3）选中插入的图片，单击鼠标右键，在弹出的快捷菜单中选择"对齐"→"右对齐"命令，如图6-43所示。

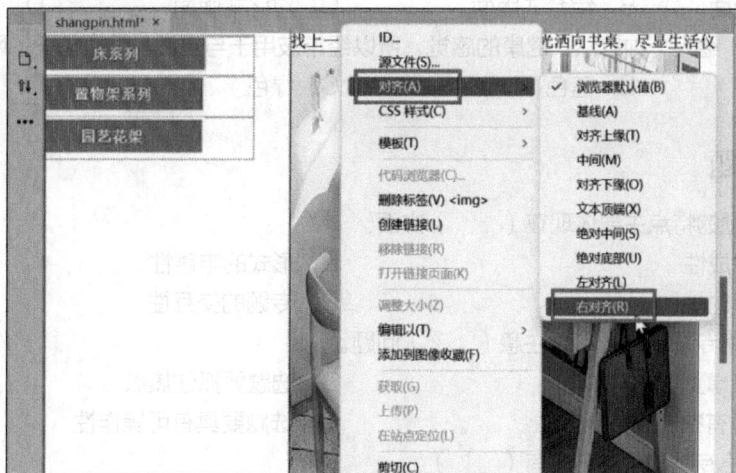

图6-43　设置图片的对齐方式

设置右对齐后的页面效果如图6-44所示。

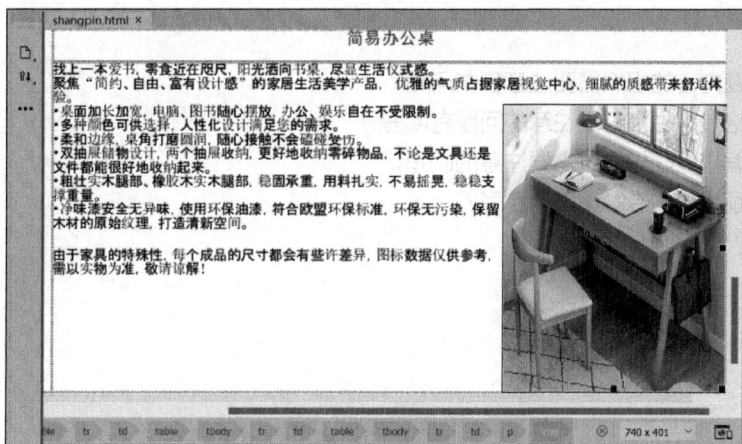

图6-44　设置右对齐后的页面效果

6.6　知识巩固训练

1．名词解释

网络专题　　　资讯服务类专题

2．单项选择题

（1）（　　　）一般源于突发性的事件，以报道新近发生的重大新闻事件为主要内容。

A．事件类专题　　　B．主题类专题　　　C．资讯服务类专题　　　D．突发类专题

（2）（　　）的主要特点是栏目多，而且无论是内容、体裁还是篇幅都不尽相同。这种版面上的信息可吸引不同层次、不同兴趣的网络受众。

A. 重点式版面　　　　B. 综合式版面　　　　C. 对比式版面　　　　D. 集中式版面

（3）（　　）给人一种自然、健康的感觉，所以经常被用于与自然、健康相关的网站。

A. 红色　　　　　　　B. 蓝色　　　　　　　C. 绿色　　　　　　　D. 黄色

3. 多项选择题

（1）网络专题的特点主要体现在（　　）方面。

A. 内容的集成性　　　　　　　　　　B. 形式的丰富性

C. 阅读的延时性　　　　　　　　　　D. 专题的交互性

（2）确定网络专题的选题时要注意（　　）问题。

A. 选题要考虑受众的需求　　　　　　B. 选题要抓住热点

C. 选题要具有独创性和开拓性　　　　D. 选题要具有可操作性

（3）目前网络专题的制作方法有（　　）。

A. 利用网页制作软件　　　　　　　　B. 利用在线编辑器

C. 利用内容发布系统　　　　　　　　D. 利用Photoshop

4. 思考题

（1）网络专题内容的组织需要注意哪些问题？

（2）设置网络专题栏目时要注意的问题有哪些？

（3）简述在编排专题栏目时需要注意的问题。

（4）如何搭配好网络专题页面的色彩？

第 **7** 章

规划与设计网站

学习目标

知识目标	☑ 熟悉网站规划建设流程。 ☑ 熟悉设计网站页面。
技能目标	☑ 掌握在网页中插入图像。 ☑ 掌握用淘宝助理编辑商品信息。
素养目标	☑ 培养诚信品质，遵守平台规则。

网络技术的日益成熟给人们带来了诸多方便。如今，网站正在各个领域发挥着巨大的作用，成为人们日常生活中不可或缺的部分。人们足不出户就可进行网上购物，随时查询股票信息，在自己的博客上发表言论……以上这些都离不开最基本的网站规划、设计与维护。

设计精美、架构合理的网站对于提高企业的知名度、树立企业形象具有重要的作用。所以，制作网站及维护网站已经成为企业运营的一部分，这项工作具有非常好的发展前景。但是网站建设是一项综合性的技能，涉及的知识非常多，要在短时间内完全掌握几乎是不可能的。作为一名合格的网站设计人员，必须了解网站整体规划、设计网页、制作网页、开发动态网站模块、更新与维护、设计与制作网站页面等各方面的知识。

思考：

1. 你所了解的网络编辑是怎样的？
2. 网站设计人员必须了解哪些知识？

随着计算机网络通信技术的飞速发展，网络应用已经渗透到人们工作、生活的方方面面。网站建设既是信息化推进的基础，也是网络经济发展的关键环节。网站作为互联网的主要组成部分，其数量在迅速增加，质量在迅速提升。越来越多的政府部门、企业、组织和个人都在通过制作网页、建立网站来发布信息和宣传自己。要想创建一个成功的网站，最重要的是前期规划，而不是技术。本章主要介绍网站规划建设流程、设计与制作网站页面、编辑网店商品信息等内容。

7.1 网站规划建设流程

网站规划建设是一个系统工程，只有按照一定的工作流程，按部就班地操作才能建设出令人满意的网站。因此，在具体设计网站前，需要先了解网站规划建设基本流程，这样才能制作出更好、更合理的网站。

7.1.1 网站整体规划

在设计网站之前，需要对网站进行整体规划，写好网站项目规划书，在以后的制作过程中将按照这些规划进行设计。创建网站需要从主题、内容、美术效果和程序的构思这几个方面进行网站的整体规划。

结合自己的亲身经历和看法，谈一谈如何规划网站。

（1）网站主题。网站要做到主题鲜明突出、要点明确，应以简单、明确的语言和画面体现网站的主题。对网站的整体风格和特色进行定位，规划网站的组织结构。网站应针对所服务对象的不同，采用不同的形式。有些网站只提供简洁的文本信息，有些则采用多媒体表现手法，提供华丽的图像、闪烁的灯光、复杂的页面布置，甚至提供可以下载的音频和视频。

（2）网站内容。开发网站前，需要构思网站的内容，明确哪些是主要内容。例如，个人网站可以有原创文章、个人活动、生活照片、才艺展示、个人作品、联系方式等内容。还需要考虑突出哪些主要内容，在网站中突出制作的重点。

（3）网页美术效果。页面的美术效果往往决定一个网站的档次，页面需要有美观、大方的版面。可以根据喜好、页面内容等设计出令人满意的页面。

（4）网站程序的构思。需要构思网站的功能以及网站的功能需要用什么程序实现。

7.1.2　收集资料与素材

网站的设计需要相关的资料和素材，有充足的内容才可以丰富网站的版面。个人网站可以整理个人的文章、作品、照片等资料。企业网站需要整理企业的文件、广告、商品介绍、活动等相关资料。整理好资料后需要对资料进行筛选和编辑。常用的网站资料与素材如下。

（1）图片。可以使用数码相机拍摄相关图片，也可以使用扫描仪扫描已有的纸质照片并输入计算机。一些常见的图片可以在网络中搜索并下载。

（2）文档。收集和整理现有的文件、广告、电子表格等内容。纸质文件需要输入计算机形成电子文档。文字类的资料需要进行整理和分析。

（3）媒体内容。收集和整理现有的音频、视频等资料。

7.1.3　设计网页

在确定好网站的风格并搜集资料后就需要设计网页了，网页设计包括Logo、标准色彩、标准字、导航条和首页布局等的设计。可以使用Photoshop或其他软件来具体设计网站中的图片。有经验的网页设计者通常会在使用网页制作软件制作网页之前，设计好网页的整体布局，这样在具体的设计过程中将会胸有成竹，大幅节省工作时间。图7-1所示为利用Photoshop设计好的网页。

图7-1　利用Photoshop设计好的网页

7.1.4　制作网页

制作网页是一个复杂而细致的过程，一定要按照先大后小、先简单后复杂的顺序制作。所谓"先大后小"，就是在制作网页时，先把大的结构设计好，然后再逐步完善小的结构；所谓"先简单后复杂"，就是先设计出简单的内容，然后设计复杂的内容，以便出现问题时容易修改。

在制作网页时要灵活运用模板和库，这样可以大幅提高制作效率。如果很多网页都使用相同的版面，就应该为这个版面设计一个模板，然后以此模板为基础创建网页。以后如果想改变这些网页的版面，只需简单地改变模板即可。图7-2所示为利用模板制作的网页。

图7-2　利用模板制作的网页

7.1.5　开发动态功能模块

网页制作完成后，如果需要动态功能，就要开发动态功能模块。网站中常用的功能模块包括搜索功能、留言板、新闻发布系统、购物系统等。

1. 搜索功能

搜索功能可使用户在短时间内快速从大量的资料中找到需要的资料，这对资料非常丰富的网站来说非常有用。建立一个搜索功能，只有具备了相应的程序及完善的数据库支持，才可以快速地从数据库中搜索到所需要的内容。图7-3所示为网站的搜索功能。

图7-3　网站的搜索功能

2．留言板

留言系统是网站上用户进行交流的方式之一。在互联网创建的初期，留言系统作为一个重要的交流工具，在网站收集用户意见方面起到了很重要的作用。留言板是为用户提供信息交流渠道的组件，用户可以围绕个别的商品、服务或其他话题进行讨论，也可以提出问题、提出咨询，或者得到售后服务。图7-4所示为留言板页面。

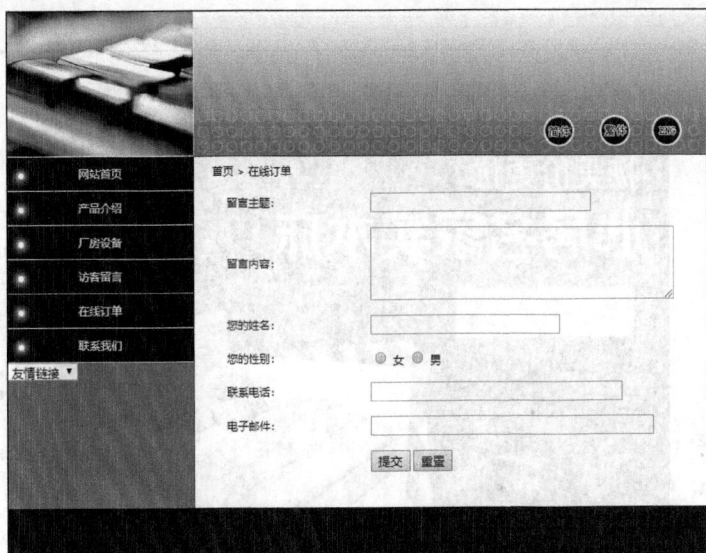

图7-4　留言板页面

3．新闻发布系统

新闻发布系统是网站最基本的模块之一。大型门户网站新浪、新华网等每天都要发布数以万条的新闻资讯，为用户提供大量的、门类齐全的信息。这些信息都是通过新闻发布系统来管理的。利用新闻发布系统，网络编辑人员可以很方便地进行网站内容的更新。新闻发布系统可以提供方便、直观的页面文字信息的更新维护界面，提高工作效率、降低技术要求，非常适合用于经常更新的栏目或页面。图7-5所示为新闻发布系统。

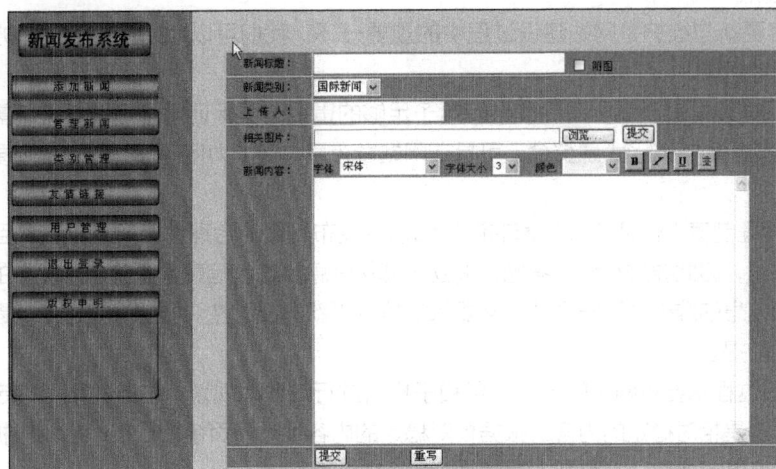

图7-5　新闻发布系统

4. 购物系统

随着网络的飞速发展，人们已经不再满足于简单地获取企业信息，更迫切需要的是能够在网上实现互动、交流及足不出户地购买商品，因此诞生了众多的购物系统。网上购物系统是在网络上建立的一个虚拟的购物商场。它不仅避免了挑选商品的烦琐过程，使购物过程变得轻松、快捷、方便，很适合现代人快节奏的生活；还能有效地控制商场运营成本，开辟了一个新的销售渠道。图7-6所示为购物系统。

图7-6　购物系统

7.1.6　后期更新与维护

一个好的网站是不可能一次性制作完美的。由于环境在不断变化，网站的内容也需要随之调整，给人常新的感觉，这样网站才会更吸引用户，给用户留下很好的印象。这就要求对网站进行长期的、不间断的维护和更新。

网站的内容更新与维护是网站建设过程中的重要一环。我们可以考虑从以下几个方面入手，使网站能长期、顺利地运转。

（1）在网站建设初期，就要对后续维护给予足够的重视，要保证网站后续维护所需资金和人力充足。很多网站在建设时投入了大量资金，可是在网站发布后，维护力度不够，导致信息更新工作迟迟跟不上。

（2）要从管理制度上保证信息渠道的通畅和信息发布流程的合理性。网站上各栏目的信息往往来源于多个业务部门，因此要进行统筹考虑，确立一套从信息收集、信息审查到信息发布的良性运转管理制度。既要考虑信息的准确性和安全性，又要保证信息更新的及时性。要解决好这个问题，提高管理人员的重视程度是前提。

（3）在建站过程中要对网站的各个栏目和子栏目进行细致地规划，在此基础上确定哪些是经常要更新的内容，哪些是相对稳定的内容。根据相对稳定的内容设计网页模板，在以后的维护工作中这些模板不用改动，这样既省费用，又有利于后续维护。

（4）对于经常变更的信息，建立数据库来管理，以避免出现数据杂乱无章的现象。如果采用基于数据库的动态网页方案，则在开发网站的过程中，不但要保证信息浏览的方便性，还要保证信息维护的方便性。

（5）要选择合适的网页更新工具。信息收集好后，采用不同的方法制作网页，效率也会有所不同。例如，使用记事本直接编辑HTML文档与用Dreamweaver等可视化工具相比，后者的效率自然高得多。若既想把信息放到网页上，又想把信息保存起来备用，那么使用能够把网页更新和数据库管理结合起来的工具效率会更高。

（6）网站风格的更新。网站风格的更新包括版面、配色等各个方面的更新。改版后的网站让用户感觉改头换面、焕然一新。一般改版的周期要长一些，如果用户对网站比较满意，改版周期可以延长到几个月甚至半年。改版周期不能太短，一般一个网站建设完成以后，就代表了公司的形象和公司的风格。随着时间的推移，很多用户对这种形象和风格已经习惯了。如果经常改版，会让用户感觉不适应，特别是那种彻底改变风格的"改版"。当然，如果对公司网站有更好的设计方案，可以考虑改版，毕竟长期使用一种版面会让人感觉陈旧、厌烦。

7.2　设计与制作网站页面

在具体学习设计与制作网站页面前，需要先了解网页的基本构成元素、网页的版面布局、页面设计创意方法，然后通过Dreamweaver制作网页。

7.2.1　网页的基本构成元素

不同性质的网站，构成网页的基本元素是不同的。下面介绍常见的网页的基本构成元素。

1．网站 Logo

网站Logo也称为网站标志，就是网站经营者为把自己的网站与他人的网站区分开来而给自己的网站所起的名称或所加的特殊性标志。成功的网站标志有着独特的形象，在网站的推广和宣传中能起到事半功倍的效果。网站标志一般放在网站的左上角，访问者一眼就能看到它。网站标志通常有3种尺寸：88像素×31像素、120像素×60像素和120像素×90像素。图7-7所示为网站Logo。

2．网站 Banner

网站Banner是横幅广告，是互联网广告中最基本的广告形式之一。Banner可以位于网页顶部、中部或底部的任意位置，一般为横向贯穿整个或者大半个页面的广告条。Banner可以使用GIF图像，也可以使用静态图像，还可以使用动画图像。除GIF外，采用动画能赋予Banner更强的表现力和交互性。

网站Banner首先要美观，如果这个区域设计得非常漂亮和舒服，即使不是用户所要看的内容，或者是一些他们不感兴趣的内容，他们也会去点击；其次要与整个网页相协调，同时又要突出、醒目，用色要与页面的主色相搭配，如主色是浅黄，Banner就可以用一些较浅的其他颜色，切忌用一些对比色。图7-8所示为网站Banner。

图7-7　网站Logo

图7-8　网站Banner

3．导航栏

导航栏是网页的重要组成元素，它的任务是帮助用户在站点内快速查找信息。好的导航栏应该能引导用户浏览网页而不迷失方向。导航栏的形式多样，可以是简单的文字链接，也可以是设计精美的图片或是丰富多彩的按钮，还可以是下拉菜单。

一般来说，网站中的导航栏在各个页面中出现的位置是比较固定的，而且风格也一致。导航栏的位置一般有4种：在页面的左侧、右侧、顶部和底部。

当然，导航栏并不是在页面中出现得越多越好，而是要合理运用，达到页面整体上的协调一致。图7-9所示为网站的导航栏。

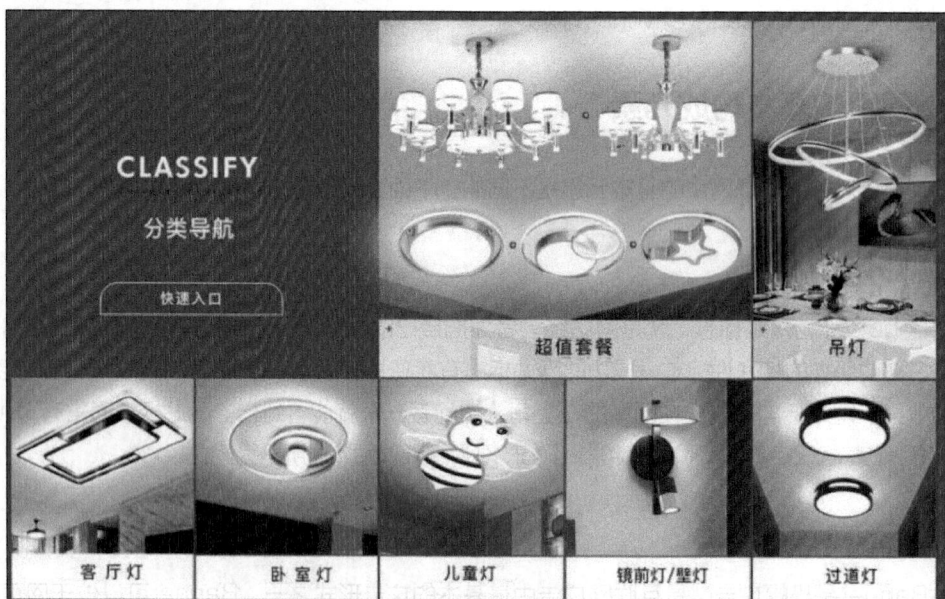

图7-9　网站的导航栏

4．文本

网页内容是网站的灵魂，网页中的信息以文本为主。无论制作网页的目的是什么，文本都是网页中最基本的、必不可少的元素之一。与图片相比，文本虽然不易于吸引用户的注意，但却能准确地表达信息的内容和含义。

一个内容充实的网站必然会使用大量的文本。良好的文本格式有利于创建出别具特色的网页，激发用户的阅读兴趣。人们赋予了文本更多的属性，如字体、字号、颜色等，通过设置不同的格式，可突出显示重要的内容。此外，还可以在网页中设置各种各样的文字列表来明确展示一系列的项目。

5. 图片

图片在网页中具有提供信息、展示形象、装饰网页、表达个人情感和风格的作用。图片是文本的说明和解释。在网页中的适当位置放置一些图片，不仅可以使文本清晰易读，而且可以使网页更加有吸引力。现在几乎所有的网站都会使用图片来增加网页的吸引力，有了图片，网站才能吸引更多的用户。

可以在网页中使用GIF、JPEG和PNG等多种图像格式，其中使用最广泛的是GIF和JPEG两种格式。图7-10所示为在网页中插入图片以生动形象地展示信息。

图7-10　在网页中插入图片以生动形象地展示信息

6. 视频

在当今社会，视频营销已经成为企业和品牌推广的重要手段。视频可以帮助企业全方位地宣传，它代替了传统的图文表达形式，虽然只有短短的几十秒，却能让用户非常直观地了解企业的基本信息，多角度感受企业。

视频以影音结合的方式，用最小的篇幅和最短的时间将企业或企业的重要信息完美地呈现出来，通过增强视听刺激来激发买家的购买欲。如果视频制作得好，具有新意，能引起人们的注意，那么其传播速度、广泛性与经济性是其他信息方式难以比拟的。

通过视频来展示商品，可以真实地再现商品的外观、使用方法和使用效果等，能够多方位、多角度地展示商品的细节特征，比单纯的图片和文字更加令人信服。图7-11所示为某网站为其一款面包制作的视频，该视频通过完整的面包制作流程和细节展示，使消费者能更充分地了解商品材料和细节。

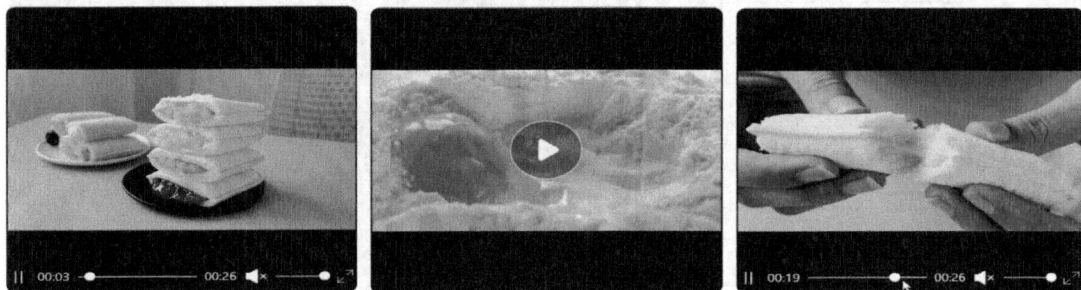

图7-11　某网站为其一款面包制作的视频

7.2.2 网页的版面布局

网站中有很多不同的网页，如主页、栏目首页、内容页等，不同的网页需要不同的版面布局。与报纸和杂志不同的是，网站的所有网页组成的是一个层次结构，每一层网页中都需要建立访问下一层网页的超链接索引，所以网页所处的层次越高，网页中的内容就越丰富，网页的布局就越复杂。

为了使网页能达到最佳的视觉效果，应讲究网页整体布局的合理性，使用户有一个流畅的视觉体验。在制作网页前，可以先绘制出网页的草图。网页版面布局的方法有两种，一种为纸上布局法，另一种为软件布局法。下面分别进行介绍。

1. 纸上布局法

从事多年网页制作的人在拿到网页的相关内容后，也许很快就可以在脑海中形成大概的布局，并且可以直接用网页制作软件开始制作。但是对不熟悉网页版面布局的人来说，这么做有相当大的困难，所以此时就需要借助其他的方法来进行网页版面布局。

在设计版面布局前，需要画出版面的布局草图，并对版面布局进行细化和调整，经过反复细化和调整后即可确定最终的布局方案。

新建的页面就像一张白纸，没有任何表格、框架和约定俗成的东西，绘制时可以尽可能地发挥想象力，将想到的内容画上去。此时属于创意阶段，不必讲究细致、工整，也不必考虑具体功能，只用粗陋的线条勾画出创意的轮廓即可。尽可能多画几张草图，最后选定一个满意的方案来创作，如图7-12所示。

2. 软件布局法

有一定设计经验的人可以用专业制图软件（如Photoshop等）进行布局，可以像设计图片、招贴画、广告一样去设计一个网页的界面，然后再考虑如何用网页制作软件去实现它。利用软件可以方便地使用颜色、图形，并且可以利用图层的功能设计出用纸张无法实现的布局效果。图7-13所示为使用软件布局的网页草图。

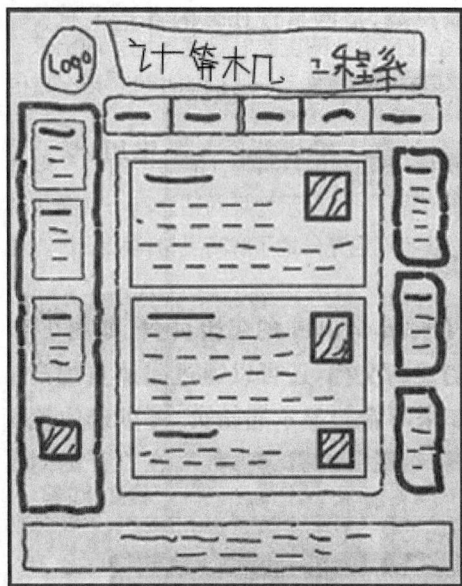

图7-12　纸上布局草图

图7-13　使用软件布局的网页草图

　　点、线、面是构成视觉空间的基本元素，是表现视觉形象的基本设计语言。网页设计实际上就是合理运用这三者，因为无论是视觉形象还是版面，都可以归纳为点、线和面的组合。一个按钮、一个文字是一个点。几个按钮或者几个文字的排列形成线。线的移动、数行文字可以形成面。点、线、面相互依存、相互作用，可以组合成各种各样的视觉形象和千变万化的视觉空间。

7.2.3　页面设计创意方法

　　在页面设计中，要想达到吸引买家、引起买家购买欲的目的，就必须依靠网站自身独特的创意，因此创意是网站存在的关键。好的创意能巧妙、恰如其分地表现主题、渲染气氛，增强页面的感染力，让人过目不忘，并且能够使页面具有整体协调的风格。

　　在进行创意的过程中，设计人员需要有新颖的思维方式。好的创意是在借鉴的基础上，利用已经获取的设计形式来丰富自己的知识，从而启发创造性的设计思路。下面介绍常用的页面设计创意方法。

1. 富于联想

　　联想是艺术形式中最常用的表现手法之一。在设计页面的过程中通过丰富的联想，能突破时空的界限，扩大艺术形象的容量，加深画面的意境。人具有联想的思维心理活动特征，它来自人潜意识的本能，也来自认知和经验的积累。当人们看到一个网页时，可能会在其中看到自己或与自己有关的经验，从而产生强烈的情感共鸣。这种通过联想引发的美感，其强度往往激烈而丰富，符合审美规律，是一种常见的心理现象。图7-14所示为由大床和台灯联想到商务酒店。

图7-14　由大床和台灯联想到商务酒店

2. 巧用对比

　　对比是一种趋向于对立冲突的艺术美中最突出的表现手法之一。在网站页面设计中，可以通过把网站页面中所描绘的产品的性质和特点放在鲜明的对比中来表现，互比互衬，来更鲜明地强调或提示产品的特征，给用户以深刻的视觉感受。图7-15所示为巧用对比的效果。

图7-15　巧用对比的效果

3．大胆夸张

　　大胆夸张是一种富有创意的艺术手法，通过虚构把对象的特点和个性中美的方面进行夸大，赋予人们一种新奇与变化。按其表现的特征，夸张可以分为形态夸张和神情夸张两种类型。通过夸张手法的运用，可以为网站页面的艺术美注入浓郁的感情色彩，使页面的特征鲜明、突出、动人。图7-16所示为大胆夸张突出钻戒。

图7-16　大胆夸张突出钻戒

4．善用比喻

　　比喻法是指在设计过程中选择两个各不相同，而在某些方面又有些相似的事物，"以此物喻彼物"。比喻的事物与主题没有直接的关系，但是在某一点上与主题的某些特征有相似之处，因而可以借题发挥，进行延伸转化，获得"婉转曲达"的艺术效果。与其他表现手法相比，比喻法较为含蓄，有时难以一目了然，但一旦领会其意，便能给人以意味无穷的感受。图7-17所示为善用比喻的效果。

图7-17　善用比喻的效果

5. 以小见大

"以小见大"中的"小"是页面中描写的焦点和视觉兴趣中心，它既是页面创意的浓缩和升华，也是设计者匠心独具的安排。它不是一般意义上的"小"，而是小中寓大、以小胜大的高度提炼的产物，是简洁的刻意追求。在图7-18中，鞋所占用的面积较小，但却是视觉的中心。

图7-18　以小见大

7.2.4　用Dreamweaver制作网页

利用Dreamweaver中的可视化编辑功能，可以快速地制作网页且不需要编写任何代码。这使得网页制作者的工作变得很轻松。下面介绍利用Dreamweaver制作网页的基本操作，包括插入表格、添加并设置文本等。

1. 插入表格

在Dreamweaver中插入表格非常简单，具体操作步骤如下。

（1）打开网页文件，如图7-19所示，将光标放置在要插入表格的位置。

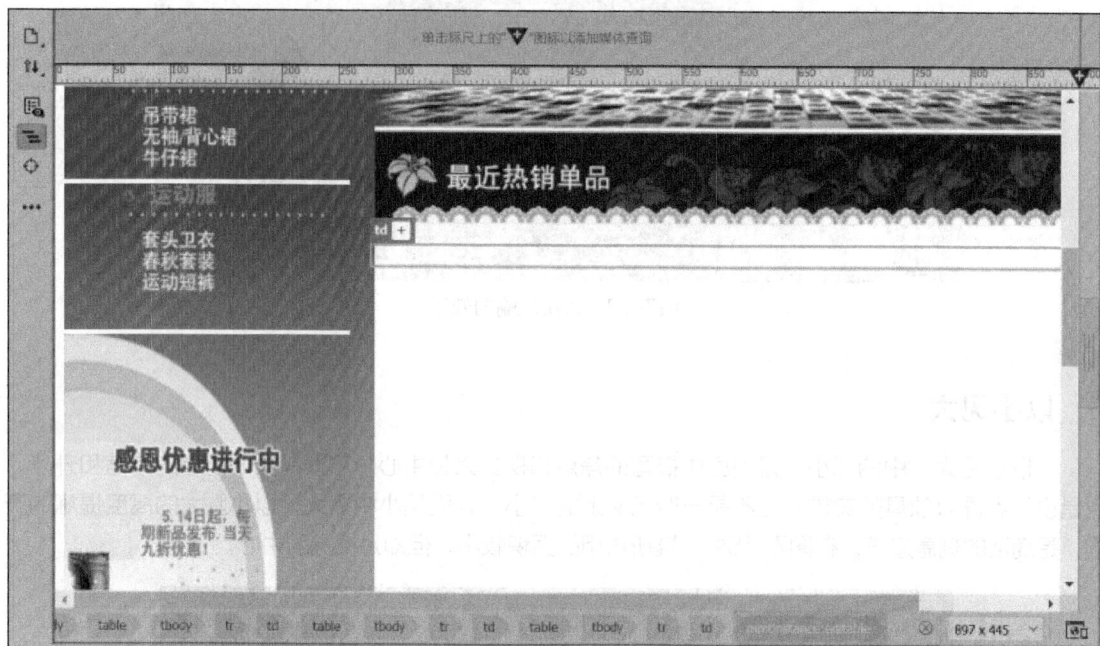

图7-19 打开网页文件

（2）选择"插入"→"Table"命令，弹出"Table"对话框，在对话框中将"行数"设置为3，"列"设置为4，"表格宽度"设置为100，单位设置为"百分比"，"边框粗细"设置为1像素，"单元格边距"设置为2，"单元格间距"设置为1，如图7-20所示。

7-1 插入表格

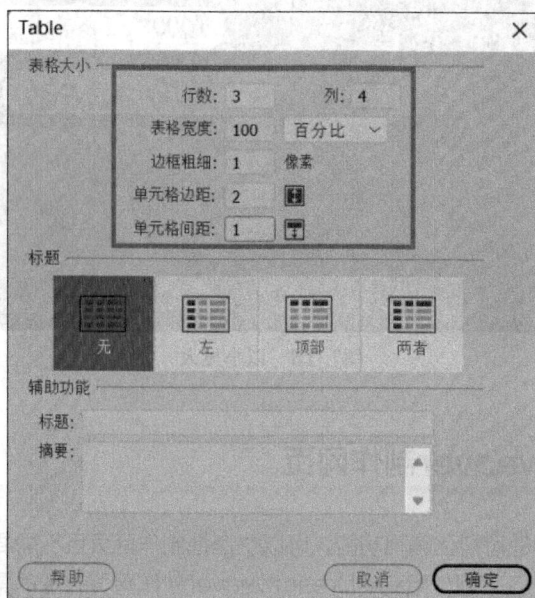

图7-20 "Table"对话框

（3）单击"确定"按钮，即可插入表格，如图7-21所示。

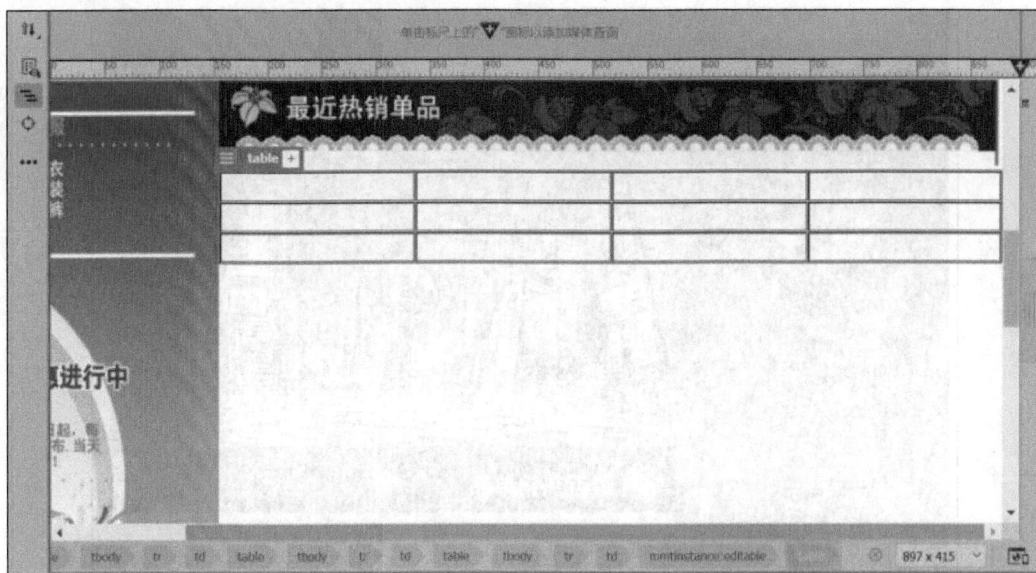

图7-21　插入表格

2. 添加并设置文本

Dreamweaver提供了多种向网页中添加文本和设置文本（如设置字号、颜色和对齐属性等）的方法。在网页中添加并设置文本的具体操作步骤如下。

（1）启动Dreamweaver，打开素材文件，如图7-22所示。

7-2　添加并设置文本

图7-22　打开素材文件

（2）将光标放置在要输入文本的位置，输入文本，如图7-23所示。

图7-23　输入文本

（3）选中要设置字号的文本，在"属性"面板中的"大小"下拉列表中选择字号，如图7-24所示，或者直接在文本框中输入相应字号。

图7-24　设置文本的字号

（4）选中要设置颜色的文本，在"属性"面板中单击"文本颜色"按钮，打开图7-25所示的拾色器，在拾色器中选取所需的颜色，鼠标指针变为形状，单击即可选取该颜色。

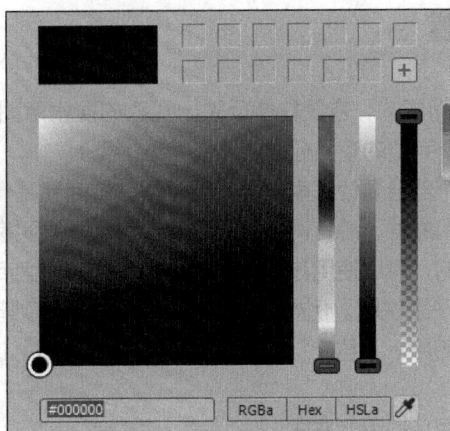

图7-25　在拾色器中选取颜色

设置文本样式后的代码如下，拆分视图中的代码如图7-26所示。

```
<td align="left" valign="top" style="font-family: '黑体', '宋体';
font-size: 24px; color: #0A0000;">　夏季新款短袖T恤</td>
```

图7-26　设置文本样式后的代码

7.3　编辑网店商品信息

网店越来越受到人们的重视。淘宝、京东等都是比较有名的网站，商家可以根据情况选择。淘宝是我国深受欢迎的网络购物平台，目前已经成为世界范围的电子商务交易平台之一。本节以淘宝平台为例讲述网店商品信息的编辑。

7.3.1　商品标题的设置

商品标题是由关键词组合而成的，它往往能反映出买家的搜索意图。商品标题的优化原则是尽量符合买家的各种搜索习惯。一个完整的商品标题应该包括3个部分。

第一部分是商品名称，这个部分要让买家一眼就能够明白该商品是什么东西。

第二部分是由一些感官词组成的，感官词在很大程度上可以提高买家打开商品链接的兴趣。

第三部分是由优化词组成的，可以使用与商品相关的优化词来增大商品被搜索到的概率。

这里举一个商品标题的例子来说明。例如，"2023新款男士短款鸭绒外套正品羽绒服"这个商品标题会让买家产生对商品的信赖感。"男士""鸭绒外套""羽绒服"这3个词是优化词，它们能够让潜在买家更容易找到该商品。

一般的商品标题主要有下面几种组合方式。

● 品牌、型号+商品名称。

● 促销、特性、形容词+商品名称。

● 地域特点+品牌+商品名称。

● 网店名称+品牌、型号+商品名称。

● 品牌、型号+促销、特性、形容词+商品名称。

● 网店名称+地域特点+商品名称。

● 品牌+促销、特性、形容词+商品名称。

● 信用级别、好评率+网店名称+促销、特性、形容词+商品名称。

> 📖 知识链接
>
> 不管组合方式如何变化，商品名称一定是其中的一个组成部分。因为买家在搜索时首先会使用到的就是商品名称关键词，在这个基础上再增加其他的关键词，可以使商品在搜索时得到更多的"入选"机会。至于选择什么组合方式最好，要靠我们去分析市场、商品竞争激烈程度和目标消费群体的搜索习惯来最终确定。

7.3.2　商品类目的设置

合理的商品类目可以使店铺的商品更清晰，方便买家快速浏览与查找自己想要的商品。如果店铺发布的商品数目较多，那么合理的分类就显得尤为重要。在淘宝网店中设置商品类目的具体操作步骤如下。

7-3　商品类目的设置

（1）登录淘宝千牛工作台，单击"店铺"→"PC店铺装修"下的"宝贝分类"按钮，如图7-27所示。

图7-27　单击"宝贝分类"按钮

（2）在"分类管理"界面中，单击"添加手工分类"按钮，然后在"分类名称"下的文本框中输入分类的名称，如图7-28所示。

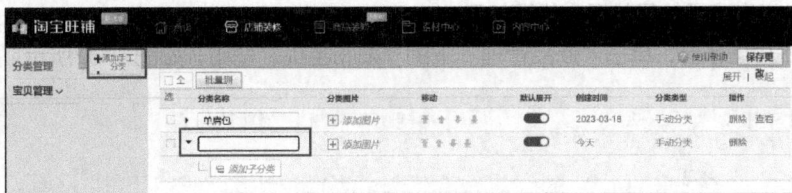

图7-28 分类管理

（3）单击"添加图片"按钮，会出现一个对话框，如图7-29所示。如果添加的是网络图片，那么直接在文本框中输入图片的地址即可，然后单击"确定"按钮。也可以选中"插入图片空间图片"单选项以插入图片空间图片。

图7-29 插入图片

（4）如果要添加子分类，则只需单击"添加子分类"按钮，如图7-30所示，再设置子分类即可。

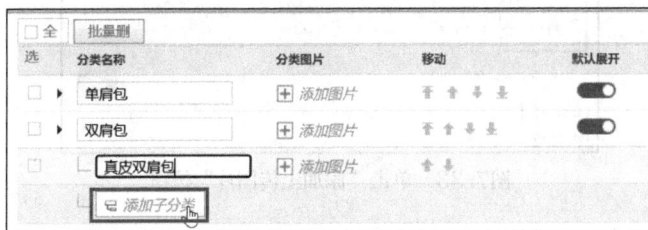

图7-30 添加子分类

（5）单击向上的箭头或向下的箭头可以将宝贝分类上移或下移，如图7-31所示。

图7-31 将宝贝分类上移或下移

7.3.3 商品的发布

在淘宝后台发布商品的具体操作步骤如下。

（1）登录千牛工作台，单击"商品管理"下的"发布宝贝"按钮，如图7-32所示。

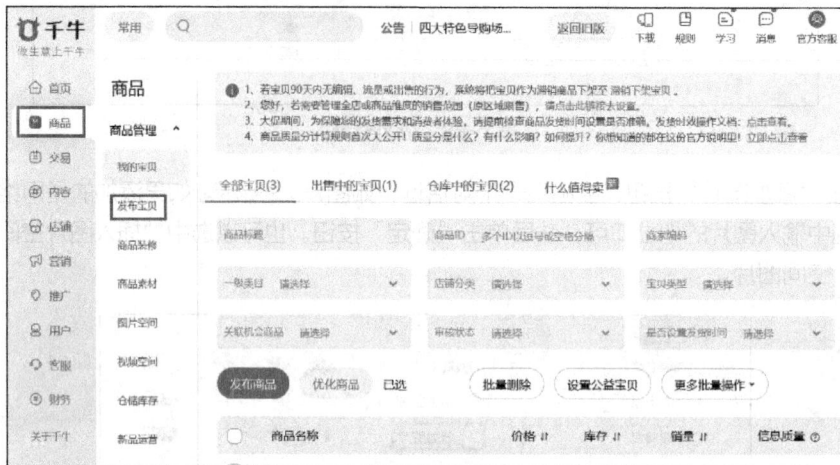

图7-32 单击"发布宝贝"按钮

（2）在"商品发布"界面中，单击"上传商品主图"下的"添加上传图片"按钮，"商品类型"选择"一口价"，如图7-33所示。

图7-33 单击"添加上传图片"按钮

（3）在打开的图片空间中选择要上传的商品主图，如果图片空间中没有需要的商品主图，可以单击"上传图片"按钮，如图7-34所示，从本地计算机中选择图片上传。

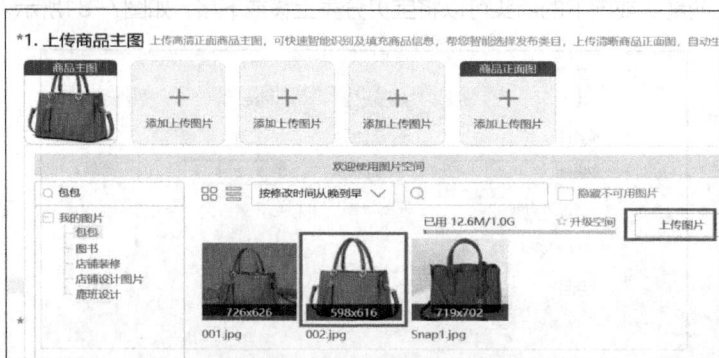

图7-34 选择要上传的商品主图

（4）确认商品类目，从列表中选择相应的类目，单击"确认类目，继续完善"按钮，如图7-35所示。需要注意的是，只有正确选择类目，商品才能更容易地被搜索到。

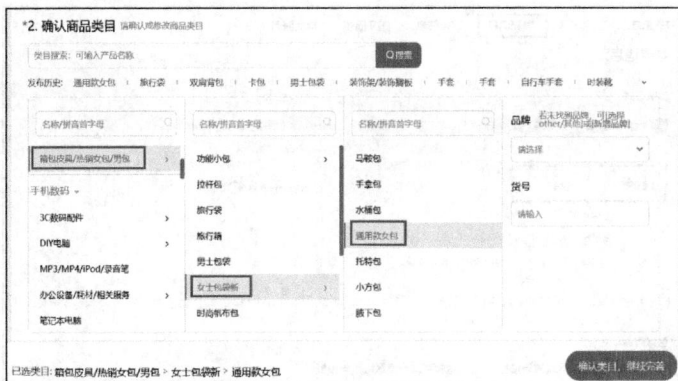

图7-35　确认商品类目

（5）设置商品基础信息，如宝贝标题、类目属性等，如图7-36所示。

图7-36　设置商品基础信息

（6）设置销售信息，其中关键的是设置合理的一口价，如图7-37所示。

图7-37　设置销售信息

（7）设置物流信息，为了提升买家的购物体验，淘宝要求全网商品设置运费模板，如图7-38所示。

图7-38　设置物流信息

（8）设置支付信息，如图7-39所示。

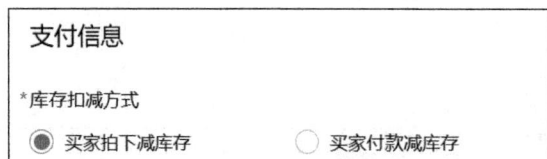

图7-39　设置支付信息

（9）填写图文描述信息，填写完毕后，单击"提交宝贝信息"按钮，即可成功发布商品，如图7-40所示。

图7-40　填写图文描述信息

卖家应当按照淘宝系统设置的流程和要求发布商品,部分涉嫌违规的商品须通过审核后方可展示。卖家发布商品应当严格遵守《淘宝平台规则总则》中"信息发布"的基本原则,并遵守以下基本要求。

(1)卖家应当对商品做出完整、一致、真实的描述。①完整性。为保证买家更全面地了解商品,购买商品时拥有充分的知情权,卖家应在发布商品时完整展示商品的主要信息,包括但不限于:商品本身(如基本属性、规格、保质期、瑕疵等)、品牌、外包装、发货情况、交易附带物等。②一致性。商品的描述信息在商品页面各板块中(如商品标题、主图、属性、详情描述等)应保证要素一致性。③真实性。卖家应根据所售商品的属性如实描述商品信息,并及时维护更新,保证商品信息真实、正确、有效;不得夸大、过度、虚假承诺商品效果及程度等。

(2)卖家应保证其出售的商品在合理期限内可以正常使用,包括商品不存在危及人身财产安全的危险、具备商品应当具备的使用性能、符合商品或其包装上注明采用的标准等。

(3)不得发布违反法律法规、协议或规则的商品信息,包括但不限于以下内容。①不得使用代表党和国家形象的元素,或利用国家重大活动、重大纪念日和国家机关及其工作人员名义等,进行销售或宣传。②不得发布侵害平台及第三方合法权益(如商标权、著作权、专利权等)或易造成消费者混淆的商品或信息。③不得发布或推送含有易导致交易风险的第三方商品或信息,如发布社交、导购、团购、促销、购物平台等第三方网站或客户端的名称、Logo、二维码、超链接、联系账号等信息。④不得重复铺货,即店铺中不得同时出售两件以上同款商品。⑤不得通过变更商品的类目、品牌、型号等关键属性使其成为另一款商品。⑥不得发布其他违反《淘宝平台违禁信息管理规则》《淘宝平台交互风险信息管理规则》《淘宝网市场管理与违规处理规范》等规则的商品或信息。

卖家要以诚信企业、诚信品牌、诚信质量为目标,让消费者放心、满意,做到合法经营、诚实守信、主动承担社会责任。卖家要严格遵守相关法律法规及政策,做到不降低质量、不制假售假、不发布虚假违法广告。

7.4 任务实训

7.4.1 在网页中插入图片

图片是网页中最主要的元素之一,不但能美化网页,而且与文本相比能够更直观地说明问题,使所表达的意思一目了然。图片会为网站增添生命力,同时也会加深用户对网站的印象。

7-4 在网页中
插入图片

【实训目标】

(1)熟悉用Dreamweaver制作网页的方法。
(2)在网页中插入图片。

【实训内容】

在Dreamweaver中插入图片的具体步骤如下。
(1)使用Dreamweaver打开素材文件,如图7-41所示。
(2)将光标放在要插入图片的位置,选择"插入"→"Image"命令,如图7-42所示。
(3)在"选择图像源文件"对话框中选择图片,如图7-43所示。
(4)单击"确定"按钮,图片就插入到网页中了,如图7-44所示。

图7-41　打开素材文件

图7-42　选择"插入"→"Image"命令

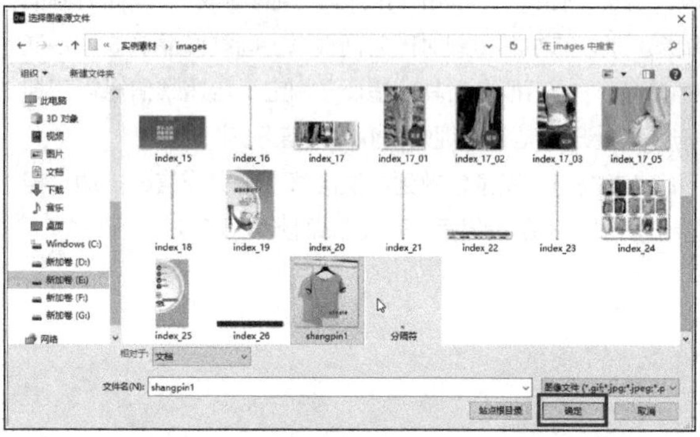

图7-43　"选择图像源文件"对话框

图7-44　插入图片

（5）选中插入的图片，单击鼠标右键，在弹出的快捷菜单中选择"对齐"→"右对齐"命令，如图7-45所示。

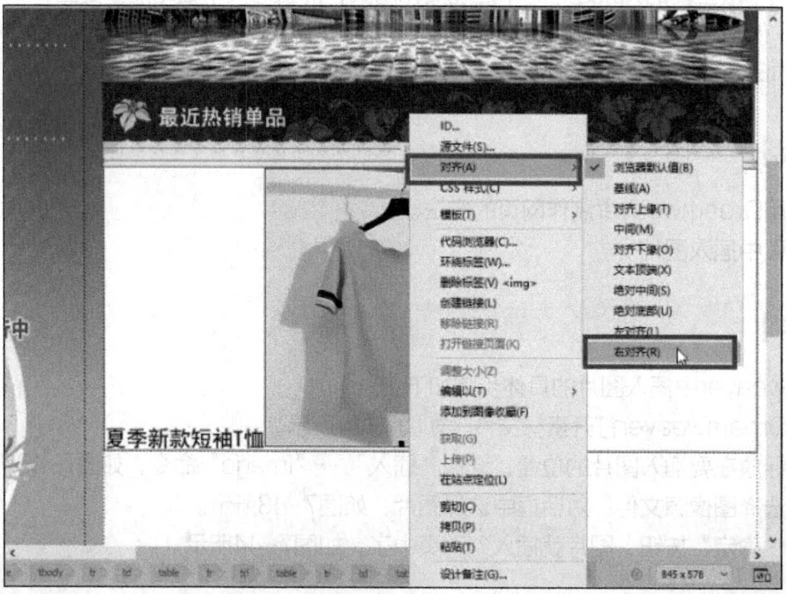

图7-45　选择"对齐"→"右对齐"命令

（6）保存文件，在浏览器中浏览效果，如图7-46所示。

图7-46 浏览效果

7.4.2 用淘宝助理编辑商品信息

淘宝助理是一款功能强大的客户端软件，它提供了方便的管理界面。用淘宝助理上传商品的操作很简单，编辑完商品后，卖家可以将它们一次性地全部上传到淘宝网站上。

【实训目标】

（1）学会淘宝网店商品的发布。

（2）掌握利用淘宝助理发布商品的方法。

【实训内容】

利用淘宝助理发布商品，具体操作步骤如下。

（1）启动淘宝助理，输入会员名和密码，如图7-47所示。

（2）单击"登录"按钮，登录淘宝助理，单击导航菜单中的"宝贝管理"按钮，如图7-48所示。

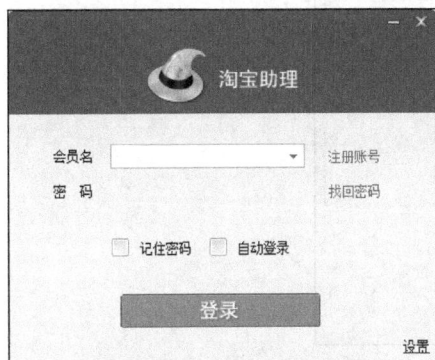

图7-47 输入会员名和密码

图7-48 单击"宝贝管理"按钮

（3）在"宝贝管理"界面单击"创建宝贝"按钮下的"新建空白宝贝"按钮，如图7-49所示。

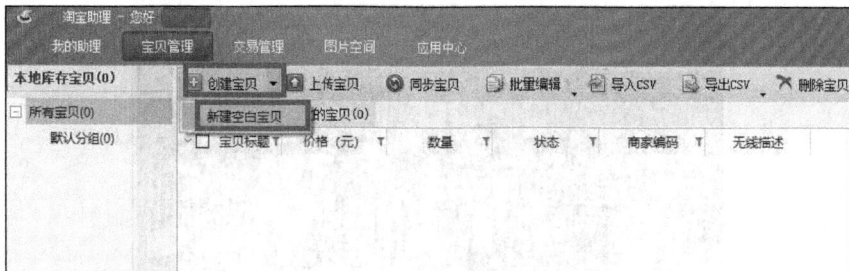

图7-49　"宝贝管理"界面

（4）在"创建宝贝"界面填写基本信息，单击"宝贝分类"文本框右侧的"选分类"按钮，如图7-50所示。

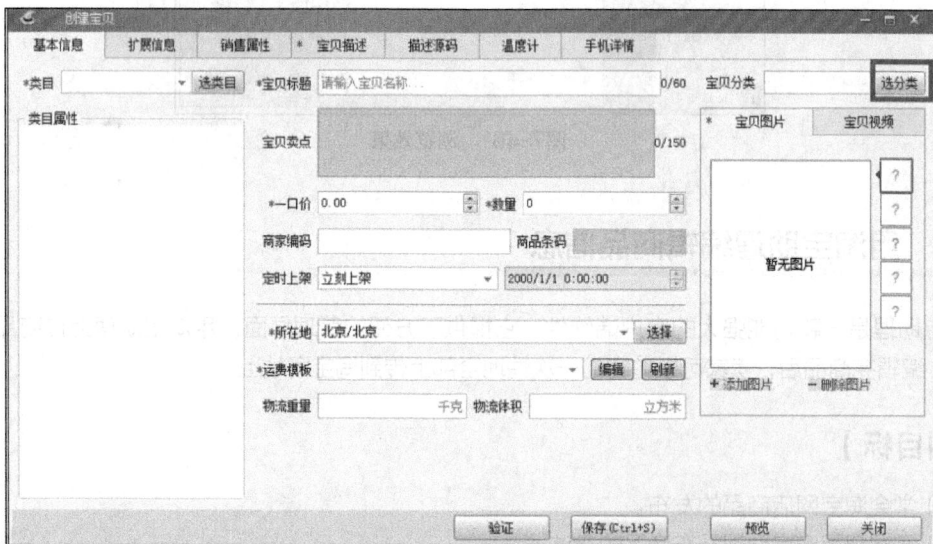

图7-50　填写基本信息

（5）在"选择类目"对话框中选择合适的类目，如图7-51所示。

图7-51　选择类目

（6）单击"确定"按钮，添加类目，设置类目的相关属性，单击"宝贝图片"选项卡下面的"添加图片"按钮，如图7-52所示。

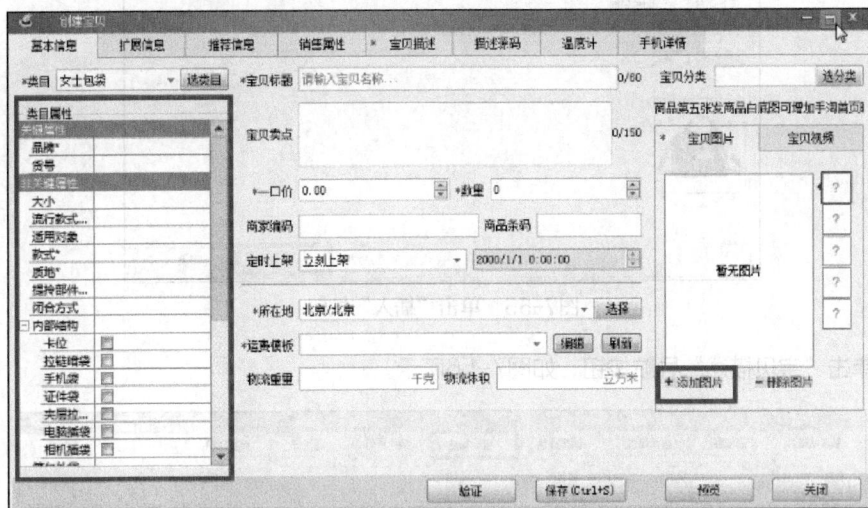

图7-52　设置类目的相关属性

（7）在"选择图片"对话框中单击"选择要上传的图片"按钮，如图7-53所示。

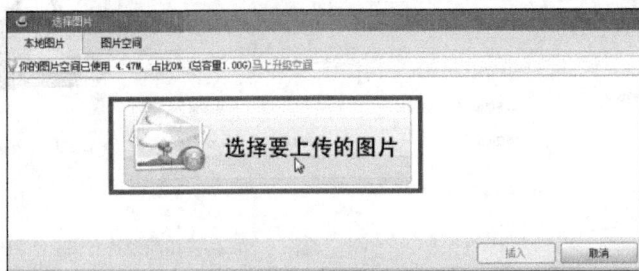

图7-53　"选择图片"对话框

（8）在"选择图片"对话框中选择本地文件夹图片，单击"打开"按钮，如图7-54所示。

图7-54　"选择图片"对话框

（9）单击底部的"插入"按钮添加图片，如图7-55所示。

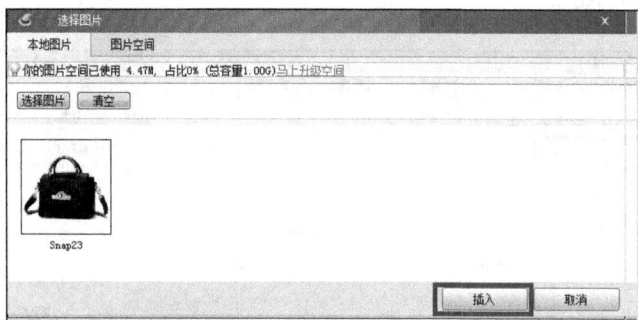

图7-55　单击"插入"按钮

（10）单击"宝贝描述"导航按钮，如图7-56所示。

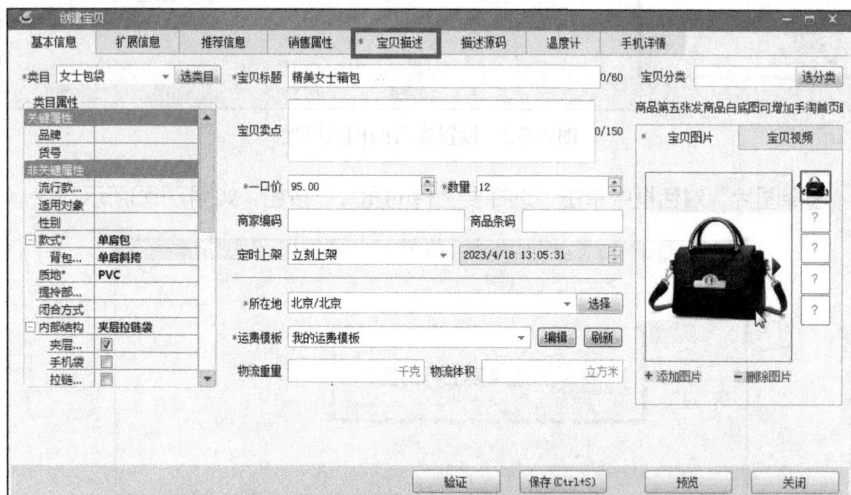

图7-56　单击"宝贝描述"导航按钮

（11）在"宝贝描述"界面输入宝贝描述，如图7-57所示，单击底部的"保存"按钮保存输入的宝贝描述信息。

图7-57　输入宝贝描述

（12）单击"销售属性"导航按钮，单击颜色分类并设置其属性，如图7-58所示。

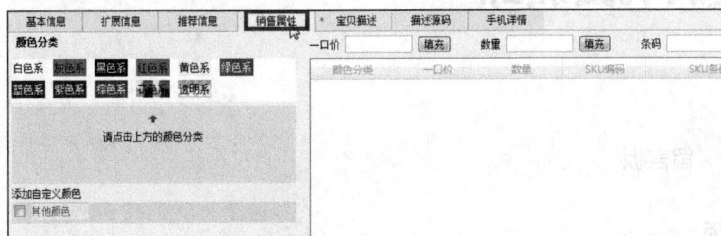

图7-58 设置销售属性

（13）返回"宝贝管理"界面，单击"上传宝贝"按钮，打开"上传宝贝"对话框，单击"上传"按钮，如图7-59所示。

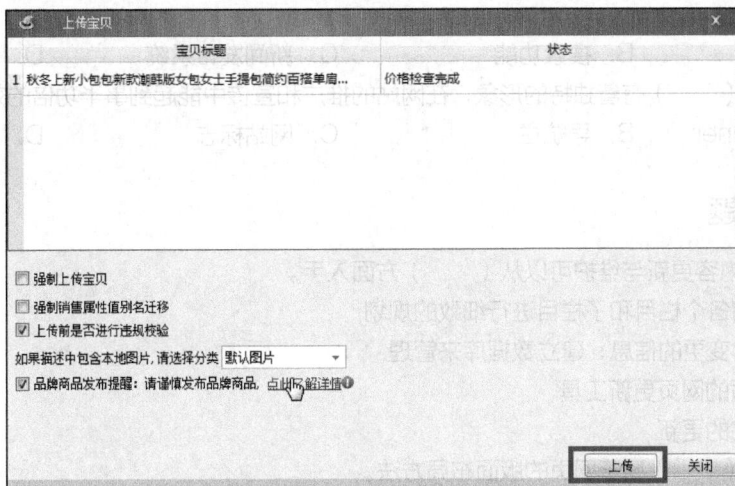

图7-59 "上传宝贝"对话框

成功上传宝贝后的界面如图7-60所示。

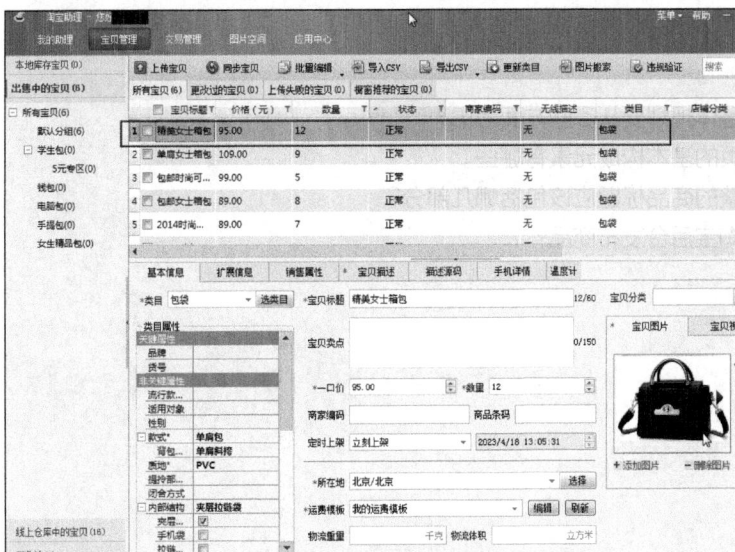

图7-60 成功上传宝贝

7.5　知识巩固训练

1．名词解释

网站规划　　　留言板

2．单项选择题

（1）可以使用（　　）来具体设计网站中的图片。

A．Photoshop　　　B．Dreamweaver　　　C．Flash　　　　　D．HTML

（2）（　　）可使用户在短时间内快速从大量的资料中找到需要的资料，这对资料非常丰富的网站来说非常有用。

A．留言板　　　　B．搜索功能　　　　C．新闻发布系统　　　D．购物系统

（3）成功的（　　）有着独特的形象，在网站的推广和宣传中能起到事半功倍的效果。

A．网站Banner　　B．导航栏　　　　　C．网站标志　　　　　D．文本

3．多项选择题

（1）网站的内容更新与维护可以从（　　）方面入手。

A．对网站的各个栏目和子栏目进行细致的规划

B．对于经常变更的信息，建立数据库来管理

C．选择合适的网页更新工具

D．网站风格的更新

（2）下面的（　　）属于网页的版面布局方法。

A．纸上布局法　　B．软件布局法　　　C．点、线、面　　　　D．美图秀秀

（3）常用的页面设计创意方法包括（　　）。

A．富于联想　　　B．巧用对比　　　　C．大胆夸张　　　　　D．善用比喻

4．思考题

（1）网站的整体规划要从哪些方面考虑？

（2）简述网页的基本构成元素有哪些。

（3）一个完整的商品标题应该包括哪几部分？

（4）如何在淘宝后台发布商品？